동글동글 귀여운 고생물 도감

둥글둥글 귀여운 고생물 도감

초판 1쇄 2022년 9월 23일
초판 4쇄 2025년 2월 17일

감수 | 츠치야 켄
글·그림 | 다카하시 노조무
옮긴이 | 허영은

펴낸이 | 조영진
펴낸곳 | 고래가숨쉬는도서관
출판등록 | 제406-2006-000090호
주소 | 서울시 서대문구 연희로41다길 13 바우하우스 2층
전화 | 02-6081-9680 팩스 | 0505-115-2680
블로그 | https://blog.naver.com/goraebook

YURUKAWA KOSEIBUTSU ZUKAN
© NOZOMU TAKAHASHI 2021
Originally published in Japan in 2021 by SEITO-SHA CO., LTD., TOKYO.
Korean Characters translation rights arranged with SEITO-SHA CO., LTD., TOKYO,
through TOHAN CORPORATION, TOKYO and Shinwon Agency Co., SEOUL.

デザイン…天池聖（drnco.）
編集協力…三橋太央、加藤季余乃（OFFICE303）

* 값은 뒤표지에 적혀 있습니다.
* 잘못 만든 책은 구입하신 서점에서 바꾸어 드립니다.
* 책의 내용과 그림은 저자나 출판사의 서면 동의 없이 마음대로 쓸 수 없습니다.

ISBN 979-11-89239-89-3 73490

품명 : 도서 | 전화번호 : 02-6081-9680 | 제조년월 : 2025년 2월
제조국명 : 대한민국 | 제조자명 : 고래가숨쉬는도서관
주소 : 서울시 서대문구 연희로41다길 13 바우하우스 2층 | 사용 연령 : 8세 이상
• KC마크는 이 제품이 공통안전기준에 적합하였음을 의미합니다.

동글동글 귀여운
고생물 도감

감수_츠치야 켄 | 글·그림_다카하시 노조무 | 옮긴이_허영은

들어가며

『동글동글 귀여운 고생물 도감』
이야기를 들려줄 수 있어서 기뻐요.
'편안한 분위기에서
고생물을 접하고 자연스럽게
마음의 문이 열리면 좋겠다!'
라는 생각으로 준비했답니다.

생물을 좋아하게 되는
첫 번째 단계는
'가깝게 느끼기'라고
생각해요.

그리고 친근하게 느끼려면
'모습과 이름 알기'가 중요하지요.

안타깝게도 고생물은
이름조차 기억하기 어려운
경우가 많고, 이미
멸종해서 친근하게
느낄 수도 없는 상황…

코엘루로사우라부스
Coelurosauravus

스테노딕티아
Stenodictya

유스테놉테론
Eusthenopteron

고생물은 어려워
보여서 자세히
들여다볼 엄두를
못 내거나 낯설게
느끼는 친구도
많을 거예요.

뭐라고?!

한참 어린
꼬맹이
주제에!!

흠… 건방진
생각을 하고
있었구나.
신생대
포유류 녀석.

수많은 비밀을 간직한 고생물의 탄생

바다에서 태어난 최초의 생명들.
전쟁이 없는 평화로운 바다에서 오래오래 살았어요.

각양각색 훌륭했던 고생물

수많은 생물이
바다에서 싸우며 진화했어요.
모습과 생김새가
복잡해지기 시작하고,
종류도 많아졌어요.

바닷속에도 땅 위에도 고생물

종류가 다양해진 생물은 바다에서
생존 경쟁을 이어 나갔어요.
한편 바다에서 육지로
서식지를 옮긴 생물도 나타났습니다.

계속 넓어지는 고생물의 세계

바다뿐 아니라 육지에서도
여러 생물이 다채롭게 진화했어요.
공룡이 등장한 시기보다
까마득히 옛날에 있었던 일이랍니다.

차례

들어가며　4

수많은 비밀을 간직한 고생물의 탄생　6

각양각색 훌륭했던 고생물　8

바닷속에도 땅 위에도 고생물　10

계속 넓어지는 고생물의 세계　12

고생물이란?　21

제1장

다리와 마디가 많은 고생물   22

아노말로카리스	거대한 몸집! 천하무적! 지구에 나타난 첫 번째 최강자	24
마렐라	캄브리아 세대의 대표 멋쟁이	26
오파비니아	자유로운 영혼의 원조 패셔니더	28
할루키게니아	상식을 뒤집어야 알 수 있는 생물!	30
엘라티아	가장 인기 많은 삼엽충	34
아판쿠라 마추	캄브리아 상륙 사건	40
아에기로카시스	다정한 천하장사	42
루나타스피스	가장 오래된 투구게	44
펜테콥테루스	절지동물 분야의 대형 신인	46
프테리고투스	실루리아기를 호령한 공포의 사냥꾼	48
아쿠티라무스	조용한 두목	50

오파콜루스	진정한 곤충의 왕	52
아퀼로니퍼	새끼를 줄에 매달아 키운 절지동물	54
콜림보사톤	가장 오래된 '존재의 상징'	56
스킨데란네스	마지막 라디오돈타류	58
스테노딕티아	하늘을 자유롭게 날고 싶었던 생물	60
메가네우라	하늘의 지배자	62
아트로플레우라	전무후무한 초거대 노래기	64
케이로피게	삼엽충의 전설	66

제2장

골격을 갖추게 된 고생물   70

밀로쿤밍기아	인류의 대선배	72
피카이아	인류의 조상?	74

아란다스피스	몸에 비늘을 단 최초의 어류	76
클리마티우스	턱을 갖게 된 물고기	78
안드레오레피스	어류의 미래를 바꾼 카리스마 창업자	80
메가마스탁스	최초의 거대 어류 스타	82
케팔라스피스	어류의 챔피언 도전	84
보트리오레피스	어류의 챔피언 도전 2	86
마이크로브라키우스	사랑의 추억	88
마테르피스키스	가장 오래된 어미	90
둔클레오스테우스	고생대 최강 생물 바다의 왕자	92
클라도셀라케	원시 상어	94
히네리아	태곳적 강의 주인	98
유스테놉테론	팔이 달린 물고기	100
판데리크티스	지느러미를 버린 물고기	102
틱타알릭	어류가 아닌 것 같은 생물	104
아칸토스테가	어류에서 탈퇴	106

이크티오스테가	척추동물 드디어 상륙	108
아크모니스티온	역사상 가장 무서운 상어지느러미	112
페데르페스	육지에서의 첫 산책	116
크라시지리누스	물로 돌아간 사지동물	118
레티스쿠스	뱀보다 먼저 뱀처럼 보였던 생물	120
디플로카울로스	머리가 부메랑이 되었다!?	122
디아덱테스	육식은 이제 그만	124
툴리몬스트룸	정체불명의 몬스터	126
힐로노무스	파충류의 등장	128
에리옵스	사상 최강의 양서류	132
게로바트라쿠스	현대로 이어지는 양서류	134
메소사우루스	파충류 물로 돌아가다	136
코엘루로사우라부스	파충류 하늘을 날다	138
헬리코프리온	의문이 소용돌이치는 이빨 화석	140
디메트로돈	공룡이 아니올시다	142

코틸로린쿠스	슈퍼 느림보 몸뚱이	144
이노스트란케비아	고생대 최강의 육지 폭군	146
디익토돈	영원토록 함께	148

제3장

독특한 특징을 가진 고생물 150

킴베렐라	알쏭달쏭하지만 약간 알게 된 생물	154
오돈토그리푸스	이빨에 자라난 수수께끼	156
넥토카리스	알고 보니 오징어?	158
카메로케라스	오르도비스기 최강 생물	160
아네토케라스	지금도 맹렬하게 진화 중	164
파라스피리퍼	여유로운 한량 스타일	166
암모니크리누스	피지 않는 바다나리	168

찾아보기	172
참고 문헌	177
마치며	178

궁금해! 고생물 칼럼

첫 번째	'눈의 탄생'이 세상을 바꿨다?	32
두 번째	멸종 없이는 번영도 없다	68
세 번째	'살아 있는 화석'은 우리 주변에도 있다	96
네 번째	갯벌의 미스터리 의문의 발자국	110
다섯 번째	모여라! 석탄기 상어	114
여섯 번째	식물도 고생물	130
일곱 번째	누구도 닮지 않았다	152
여덟 번째	생태계를 제패한 생물들	162
아홉 번째	내가 좋아하는 고생물 순위	170

고생물이란?

고생물은 인류의 문명이 나타나기 전에 살았던 생물이다. 이 책에 등장하는 '고생물'은 주로 고생대에 살았던 존재가 많다(아래 표). 포유류가 등장한 신생대와 공룡이 번영했던 중생대. 그보다 한참 앞선 시대에 상상을 뛰어넘는 다양한 고생물이 살았다. 이 책에서는 고생물을 세 가지 그룹으로 나누고, 오래된 생물부터 연대순으로 고생대의 고생물을 살펴본다.

신생대	제4기		약 258만 년 전~현재
	신제3기		약 2,303 만 년 전~약 258만 년 전
	고제3기		약 6,600만 년 전~약 2,303만 년 전
중생대	백악기		약 1억 4,500만 년 전~약 6,600만 년 전
	쥐라기		약 2억 130만 년 전~약 1억 4,500만 년 전
	트라이아스기		약 2억 5,190만 년 전~약 2억 130만 년 전
고생대	페름기		약 2억 9,890만 년 전~약 2억 5,190만 년 전
	석탄기		약 3억 5,890만 년 전~약 2억 9,890만 년 전
	데본기		약 4억 1,920만 년 전~약 3억 5,890만 년 전
	실루리아기		약 4억 4,380만 년 전~약 4억 1,920만 년 전
	오르도비스기		약 4억 8,540만 년 전~약 4억 4,380만 년 전
	캄브리아기		약 5억 4,100만 년 전~약 4억 8,540만 년 전
	선캄브리아 시대		약 46억 년 전~약 5억 4,100만 년 전

아노말로카리스
마렐라
오파비니아
할루키게니아
엘라티아
아판쿠라 마추
아에기로카시스
루나타스피스
펜테콥테루스

제1장 다리와 마디가 많은 고생물

프테리고투스
아쿠티라무스
오파콜루스
아퀼로니퍼
콜림보사톤
스킨데란네스
스테노딕티아
메가네우라
아트로플레우라
케이로피게

1

거대한 몸집! 천하무적! 지구에 나타난 첫 번째 최강자

캄브리아기의 거대 생물. 이 시대 생물 중에서 따라올 자 없는 초대형 크기

머리 부분은 단단한 껍질로 덮여 있다.

아노말로카리스

[학명] Anomalocaris canadensis
[분류] 라디오돈타류
[시대] 캄브리아기
[식성] 육식
[크기] 약 1m

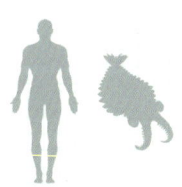

내가 바로 지구 생존 게임의 첫 번째 우승자라오.

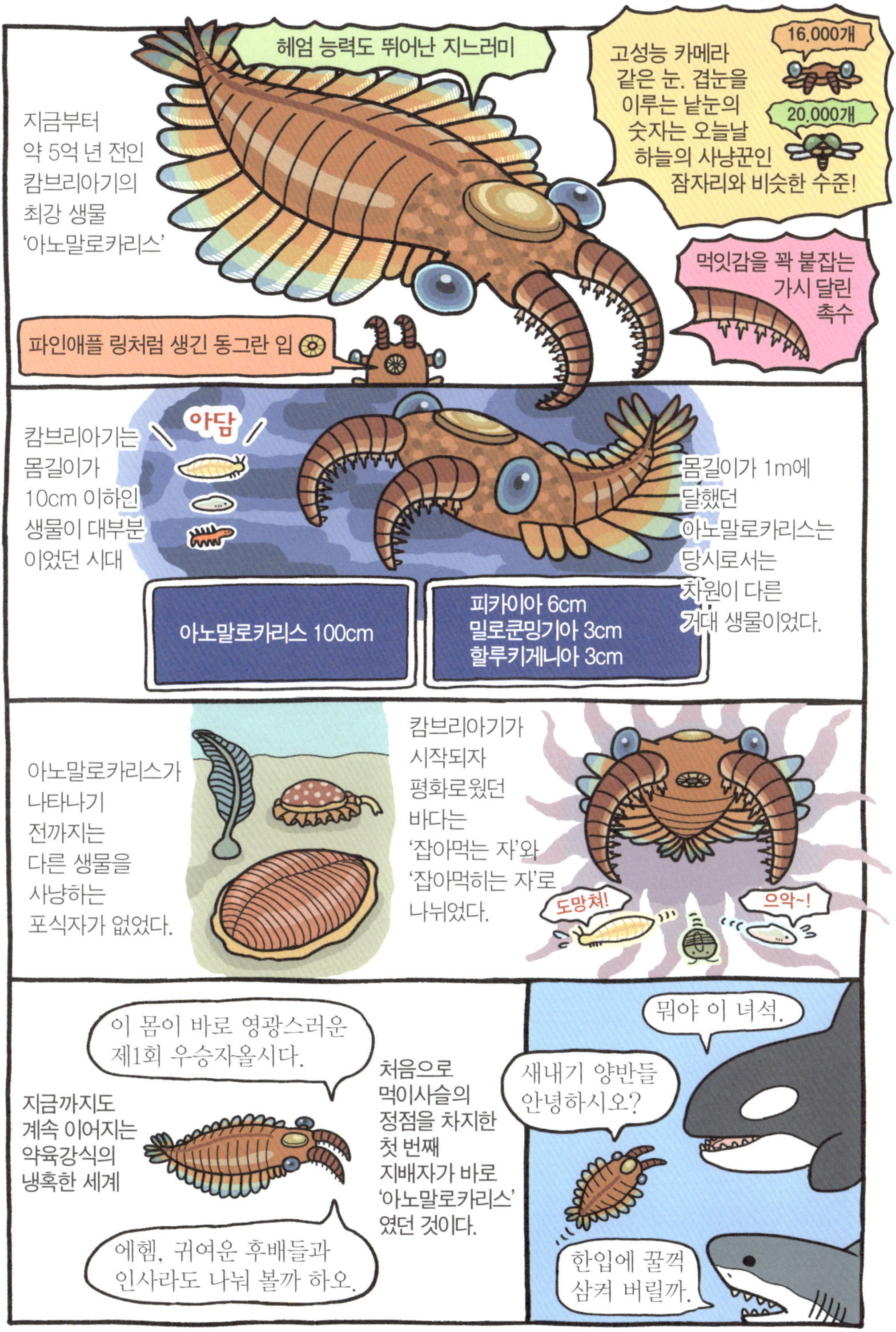

마렐라

캄브리아 세대의 대표 멋쟁이

- 무지갯빛 뿔의 소유자
- 다리는 가장 안쪽의 걷기용 다리와 아가미가 붙은 다리로 나뉜다.
- 레이스처럼 나풀나풀 흔들리는 부분은 호흡용 아가미

[학명] Marrella
[분류] 마렐로모르프류
[시대] 캄브리아기
[식성] 유기물
[크기] 약 2cm

음, 좀 더 멋을 내 볼까?

캄브리아기의 동물 화석이 발견된 장소 중에서 유명한 곳은 캐나다 로키 산맥에 있는 버제스 셰일 지층이다. 마렐라의 첫 화석은 버제스 셰일 지층에서 발견되었는데, 그 수가 2만 5,000개 이상으로 확인되었다. 마렐라는 버제스 셰일 산에서 많은 화석이 산출된 생물 중 하나이다.

오파비니아

[학명] Opabinia
[분류] 공하류
[시대] 캄브리아기
[식성] 불명
[크기] 약 10cm

 오파비니아의 화석은 매우 드물다. 2008년까지 발견된 화석 숫자가 50개도 채 되지 않는다. 희귀하기 때문에 자세히 분석하기 어려워서, 아직 밝혀지지 않은 부분이 많다. 사람들에게 처음 공개되었을 때 기상천외한 모습 때문에 웃음거리가 되었다고 한다.

상식을 뒤집어야 알 수 있는 생물!

할루키게니아는 라틴어의 '환각(Hallucinatio)'이라는 말에서 유래한 이름

발끝에 발톱이 자란 점 때문에 유조동물 이오페리파투스와 가까운 '엽족동물'로 분류된다.

- 유조동물: 열대 및 남반구에 서식하는 작은 벌레 같은 동물로 캄브리아기 이후 지금까지 거의 변화가 없는 살아 있는 화석에 가까운 동물.
- 엽족동물: 절지동물의 조상으로 여겨지며, 날개 같은 다리로 바닷속을 날아다니듯 움직였던 동물.

할루키게니아

[학명] Hallucigenia
[분류] 엽족동물
[시대] 캄브리아기
[식성] 육식
[크기] 약 3cm

나는 이름처럼 환상 그 자체라고 할 수 있지.

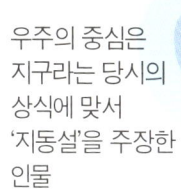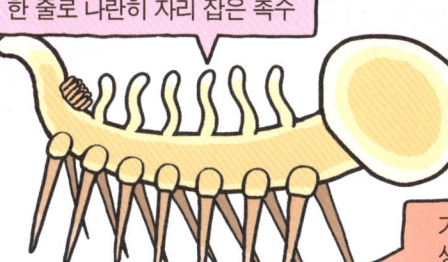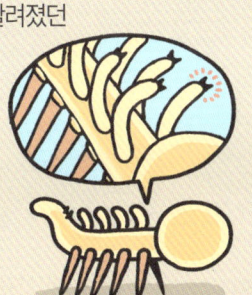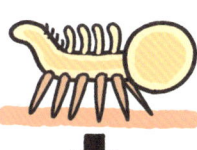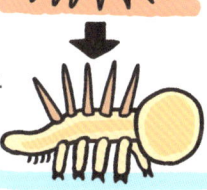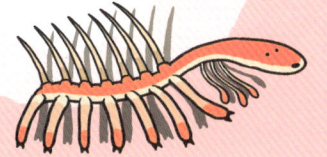

궁금해! 고생물 칼럼

첫 번째

'눈의 탄생'이 세상을 바꿨다?

평화로웠던 생태계가 크게 뒤흔들린 캄브리아기

아주 먼 옛날, 고생대가 시작되기도 전에 살았던 생물들은 나뭇잎이나 찹쌀떡 같은 모습이었다. 맞서 싸울 일이 전혀 없는 세상에 사는 생물처럼 공격력도 방어력도 찾아볼 수 없는 온순한 생김새였다.

하지만 고생대의 시작인 '캄브리아기'가 되자 생물들은 깜짝 놀랄 만한 모습으로 변신했다. 등에 가시가 자란 할루키게니아, 딱딱한 껍데기로 온몸을 단단히 무장한 삼엽충, 가시가 달린 커다란 촉수와 빠르게 헤엄칠 수 있는 지느러미까지 갖춘 아노말로카리스. 마치 무기와 보호 장비를 장착한 듯한 위협적인 형태로 바뀐 것이다.

대체 캄브리아기에 무슨 일이 일어났던 것일까?

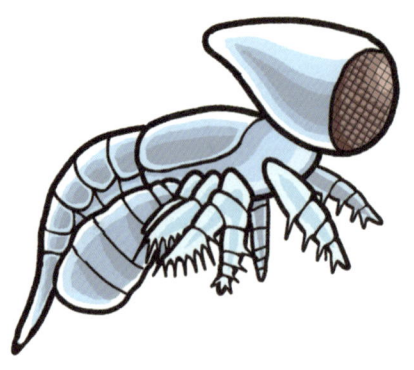

캄브로파키코페
캄브리아기에 살았던 절지동물로 갑각류와 비슷하다. 몸길이는 1.5mm정도. 머리 가운데에 달려 있는 왕방울만 한 외눈은 많은 홑눈이 모인 겹눈 구조였다.

알랄코메나이우스
캄브리아기에 등장한 몸길이 6cm 정도의 절지동물. 아령처럼 생긴 독특한 모양의 눈을 한 쌍 갖고 있었다.

'눈의 탄생'이 급격한 진화의 계기?

동물학자인 앤드루 파커는 '빛 스위치 이론'을 펼치며, '눈의 탄생'이 캄브리아기 생물들의 진화 과정을 급변하게 한 계기였을 것이라고 설명했다. 캄브리아기 전에는 눈을 가진 생물이 없었다. 그런데 '눈'이 생기자 포식자는 더욱 효율적으로 먹이 사냥을 할 수 있게 되었다. 반대로 먹잇감은 눈으로 천적의 위치를 파악하고 재빨리 도망쳤다. 생물들은 목숨을 건 숨바꼭질을 되풀이하며 저마다 독특한 생존 전략을 세웠고, 다양한 모습으로 빠르게 변해 갔다. 눈의 탄생을 기점으로 평화로웠던 생태계는 약육강식의 전쟁터로 돌변했던 것이다. 어쩌면 눈은 아담과 하와의 평화를 깨뜨린 금단의 열매처럼 위험한 진화였을지도 모른다.

오파비니아
캄브리아기를 주름잡던 아노말로카리스와 비슷한 종류의 절지동물. 몸길이는 10cm이며, 머리에 커다란 겹눈이 다섯 개 달려 있는 등 기이한 외모가 특징이다.

가장 인기 많은 삼엽충

미국 유타주에서 수십만 개의 삼엽충 화석이 발견되었다.

엘라티아

[학명] Elrathia
[분류] 삼엽충류
[시대] 캄브리아기
[식성] 유기물
[크기] 약 1cm

친구를 100명 정도만 사귀어 볼까♪

'삼엽충'

이 생물의 이름은 몸이 세 갈래의 '엽(부분)'으로 나뉘었다는 뜻이다.

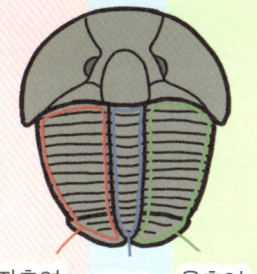

좌측엽   중엽   우측엽

삼엽충은 누구나 한 번쯤 이름을 들어 봤음직한 유명한 고생물이다.

잘 알려진 3대 고생물

공룡

삼엽충

암모나이트

친구끼리 삼엽충에 대해 토론할 때 도움이 되는 종류는 가장 인기가 많은 '엘라티아'다.

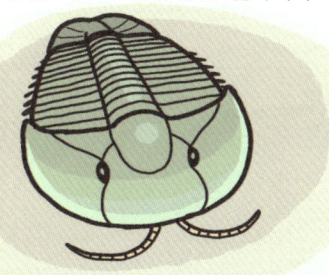

삼엽충 화석은 흔해서 몇만 원 정도면 쉽게 살 수 있다.

↑ 도쿄미네랄쇼에서 7,600원 주고 구입한 엘라티아 화석

물어뜯긴 흔적이 보이는 엘라티아 화석이 발견되기도 했다.

엘라티아를 공격한 범인이 아노말로카리스라는 소문이 있는데, 진실은 수수께끼로 남아 있다.

"삼엽충? 그런 맛없는 녀석은 공짜로 줘도 싫은걸."

삼엽충은 고생대에 엄청나게 번성했던 생물로 지금까지 1만 종 이상의 화석이 발견되었다. 지금부터 시대별로 다양한 삼엽충을 만나 보자.

 엘라티아는 절지동물 중에서 삼엽충류라는 생물군으로 분류된다. 삼엽충류의 껍데기는 탄산칼슘이라는 매우 딱딱한 성분으로 이루어져 있어서 화석으로 남기 좋은 조건이며, 실제로 많은 화석이 발견되고 있다. 모시조개나 가막조개의 껍데기도 성분이 같다.

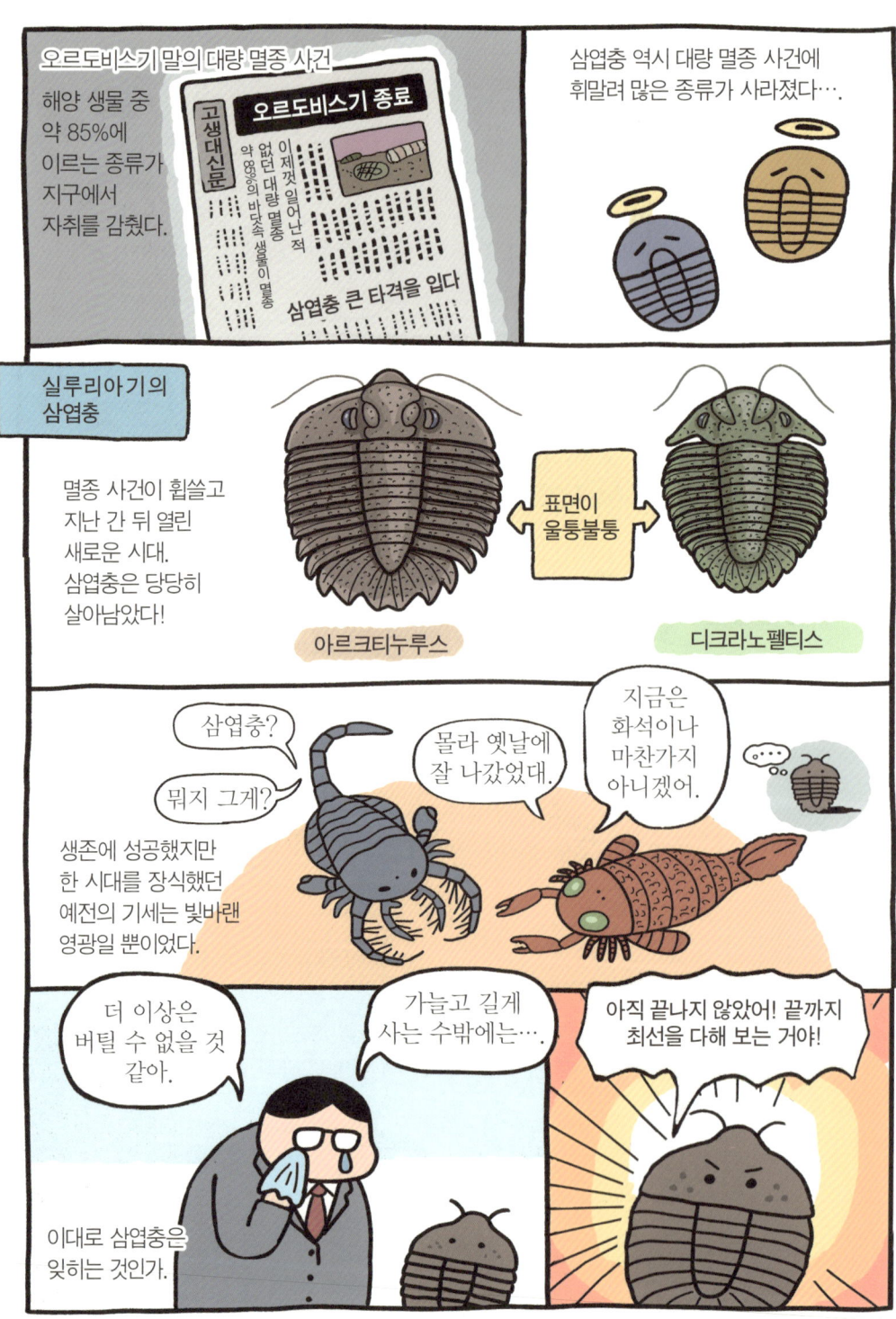

캄브리아 상륙 사건

몸이 머리, 가슴, 꼬리의 세 부분으로 나뉜다.

아판쿠라 마추

[학명] Apankura machu
[분류] 에우티카르키누스류
[시대] 캄브리아기
[식성] 불명
[크기] 약 4cm

단지 그곳에 육지가 있었기 때문이다.

캄브리아기의 생물은 모두 바다에 살았을 것이라고 생각했다.

이 상식을 뒤집은 생물이 있다. 흡사 꼬리가 자란 공벌레처럼 생긴 '아판쿠라 마추'

아판쿠라 마추는 캄브리아기 말기 무렵 누구보다 빠르게 육지에 발을 디뎠을 가능성이 있는 생물이다.

날 몰아붙일 셈이라면, 당연히 증거도 있겠지?

'캄브리아 상륙 사건'의 범인이 너지!

상륙을 나타내는 증거는 다음과 같다. 물속에서 생활하는 절지동물은

마렐라
수중용 다리
보행용 다리

호흡할 수 있도록 아가미로 물을 보내는 '수중용 다리'를 갖고 있는데, 아판쿠라 마추는 '보행용 다리'밖에 없다는 사실

결정적으로 아판쿠라 마추의 흔적으로 생각되는 발자국 화석도 발견되었다.

아판쿠라 마추의 상륙은 해명되지 않은 부분이 많아서 여전히 수수께끼로 남아 있다.

증거가 나왔다! 대체 육지에서 뭘 했던 거야?!

엇, 그…글쎄요?

아판쿠라 마추라는 이름은 '게의 할아버지'라는 뜻이다. 겉모습은 공벌레와 비슷한데, 게처럼 물속과 땅 위에서 살았을 가능성이 있다. 이러한 특징으로 볼 때 이름처럼 게를 비롯한 갑각류의 조상이었을 것으로 추측한다.

다정한 천하장사

2m의 거구

위아래 두 줄의 지느러미

플랑크톤을 걸러 내는 빗처럼 촘촘한 가시

아에기로카시스

[학명] Aegirocassis
[분류] 라디오돈타류
[시대] 오르도비스기
[식성] 플랑크톤
[크기] 약 2m(커다란 개체)

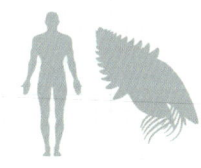

전쟁의 시대는 이제 끝났다.

루나타스피스

[학명] Lunataspis
[분류] 투구게류
[시대] 오르도비스기
[식성] 불명
[크기] 약 5cm

투구게는 데본기 말에 멸종한 검미류 투구게 종류에서 현대의 투구게 종류로 진화했다고 여겨진다. 그런데 오르도비스기 지층에서 현대 투구게에 속하는 루나타스피스가 발견되면서, 요즘 연구에서는 진화의 순서가 달랐을 가능성도 생각하게 되었다.

펜테콥테루스

절지동물 분야의 대형 신인

폭이 넓은 꼬리 마디

다리는 6쌍 12개

맨 앞의 다리 한쌍은 작은 집게 모양이며, 머리가슴 밑에 숨겨져 있다.

[학명] Pentecopterus
[분류] 바다전갈류
[시대] 오르도비스기
[식성] 육식
[크기] 약 1.7m

누가 나더러 별종이래?

펜테콥테루스는 가장 오래된 바다전갈류로 알려졌지만, 몸의 구조가 복잡하고 바다전갈류로서 완전한 모습을 갖추었기 때문에 더욱 단순하게 생긴 바다전갈류의 조상이 펜테콥테루스보다 먼저 존재했을 것으로 추측하기도 한다.

프테리고투스

실루리아기를 호령한 공포의 사냥꾼

- 노처럼 생긴 다리
- 앞쪽 다리 한 쌍은 거대한 집게발로 변신

[학명] Pterygotus
[분류] 바다전갈류
[시대] 실루리아기
[식성] 육식
[크기] 약 60cm

지금 도망가는 애는 못 본 척해 줄까?

실루리아기에 크게 번성하고 천하를 거머쥔 바다전갈류

믹소프테루스
유립테루스
슬리모니아

그중에서도 대표적인 바다전갈은 바로 '프테리고투스'

헤엄치는 능력이 뛰어난 몸으로 진화한 프테리고투스. 물속에서 재빠르고 자유롭게 수영하며 돌아다녔을 것으로 여겨진다.

노 모양의 다리

수직 꼬리날개 (비행기의 이 부분)
물속에서 자세를 안정시키는 역할을 한다.

물의 저항을 줄이는 울퉁불퉁한 표면

부채 모양의 꼬리

그뿐 아니라 먹잇감의 날쌘 움직임을 포착하는 커다란 눈도 가졌고, 톱처럼 삐죽삐죽한 이빨이 달린 공격적인 집게발까지 갖췄다.

프테리고투스는 몸길이가 60cm 정도라서 바다전갈류 중에서는 중형에 속했지만, 스피드와 공격력을 모두 갖춘 무시무시한 사냥꾼이었다.

◇ 이 거대한 그림자의 정체는?!

바다전갈류는 프테리고투스 이외에도 다양한 종류가 있었던 사실이 확인되고, 숫자는 250종 정도로 알려져 있다. 헤엄 능력이 뛰어났다고 여겨지는 프테리고투스는 비슷한 바다전갈류 중 진화 측면에서 가장 우수했던 생물로 평가받는다.

아쿠티라무스

조용한 두목

프테리고투스와 매우 닮았다.

[학명] Acutiramus
[분류] 바다전갈류
[시대] 실루리아기
[식성] 육식
[크기] 약 2m

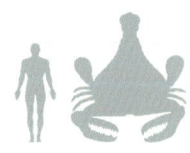

나도… 빠르다….

아쿠티라무스의 겹눈(잠자리처럼 여러 개의 눈이 모여 완성된 눈) 속 렌즈 숫자는 1,400개였던 것으로 확인된다. 렌즈가 많을수록 고속으로 이동하는 먹잇감의 움직임을 파악하기 쉬운데, 비교 대상으로 연구된 소형 바다전갈류는 아쿠티라무스보다 3배나 많은 렌즈를 갖고 있었다고 한다.

오파콜루스

진정한 곤충의 왕

가늘고 단단한 털이 자랐다.

위아래 두 갈래로 나뉜 다리. 아래쪽 다리는 보행용이고, 위쪽 다리의 역할은 아직 확인되지 않았다.

[학명] Offacolus
[분류] 협각류
[시대] 실루리아기
[식성] 불명
[크기] 약 5mm

나를 화나게 하지 않는 편이 좋을 거야.

이번에 소개할 고생물은 다소 신기한 모습의 절지동물 '오파콜루스'

껍데기를 갑옷처럼 두른 몸과 앞쪽으로 튀어나온 다리가 특징적이다.

이 모습을 보고 어렴풋이 눈치챈 독자도 있을 것이다. 오파콜루스의 생김새는 어느 일본 애니메이션에 나오는 벌레 괴물과 판박이다.

랄랄라 랄랄랄

약 4억 2,500만 년 전의 실루리아기 바다에 애니메이션에 등장하는 벌레 괴물이 실제로 존재했었다!?

두두두

세상에 공개된 날로 따지면 오히려 만화 속 벌레 괴물이 18년이나 먼저 발표되었다.

〈바람계곡의 나우시카〉에 등장하는 벌레 괴물 1984년 공개

오파콜루스 2002년 발표

오파콜루스는 협각류(거미와 전갈의 친척 동물)이므로, 벌레 괴물도 거미나 전갈 종류일지 모른다.

깜빡한 사실이 있는데, 오파콜루스의 몸길이는 5mm 정도로 새끼손가락 끝마디보다 작다.

오파콜루스 화석이 발견된 곳은 영국의 헤리퍼드셔라는 최근 새롭게 발견된 화석 산지. 헤리퍼드셔에서 발굴된 화석은 보존 상태가 좋은 경우가 많아서, 화석으로 남기 힘든 세밀한 부위까지 확인할 수 있었다.

새끼를 줄에 매달아 키운
절지동물

몸과 10개의 얇은 실로 연결되어 있는 1mm 길이의 새끼들

아퀼로니퍼

[학명] Aquilonifer
[분류] 절지동물
[시대] 실루리아기
[식성] 불명
[크기] 약 1cm

아가들아, 모두 잘 붙어 있니?

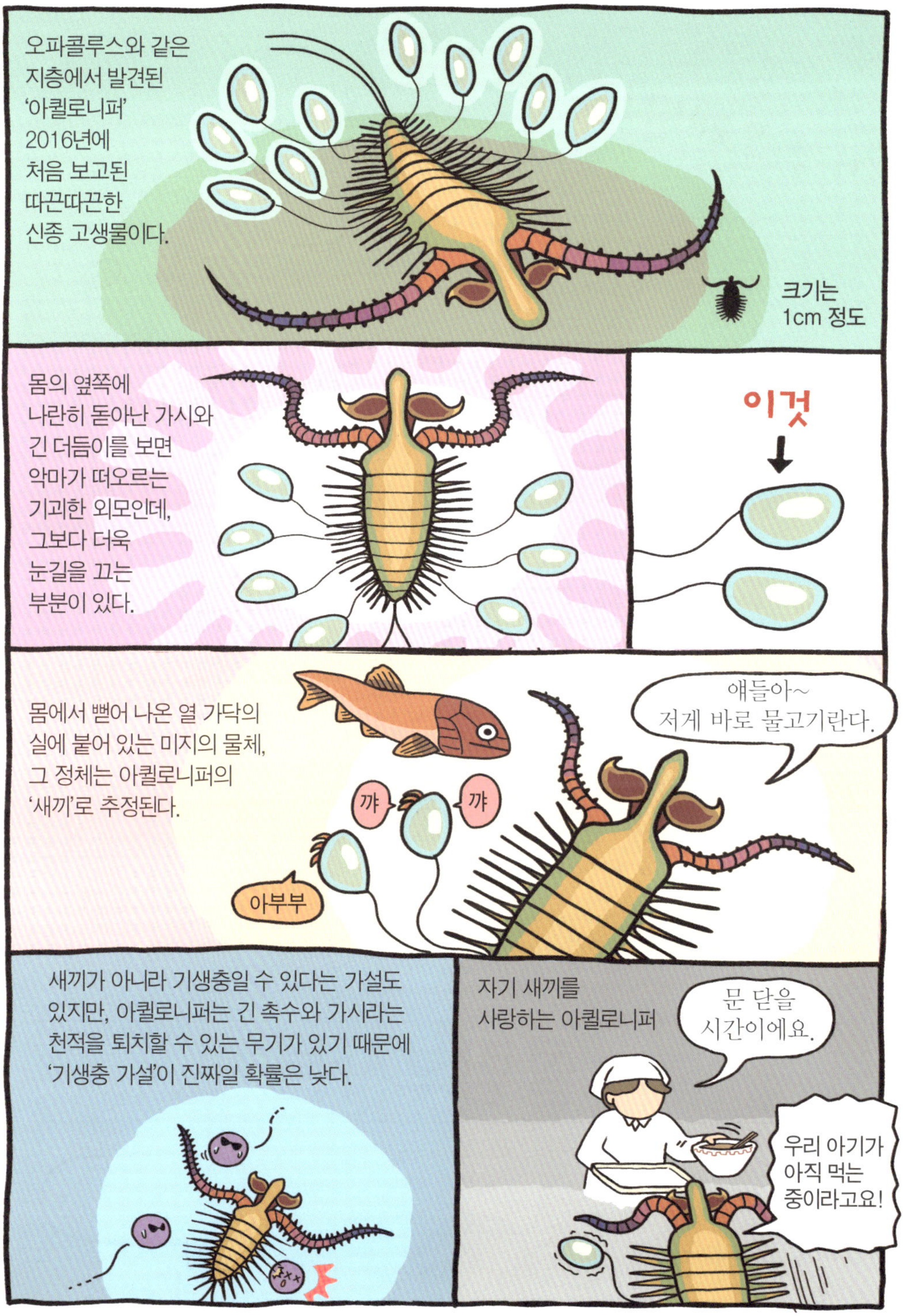

오파콜루스와 같은 지층에서 발견된 '아퀼로니퍼' 2016년에 처음 보고된 따끈따끈한 신종 고생물이다.

크기는 1cm 정도

몸의 옆쪽에 나란히 돋아난 가시와 긴 더듬이를 보면 악마가 떠오르는 기괴한 외모인데, 그보다 더욱 눈길을 끄는 부분이 있다.

이것 ↓

몸에서 뻗어 나온 열 가닥의 실에 붙어 있는 미지의 물체, 그 정체는 아퀼로니퍼의 '새끼'로 추정된다.

얘들아~ 저게 바로 물고기란다.

꺄 꺄

아부부

새끼가 아니라 기생충일 수 있다는 가설도 있지만, 아퀼로니퍼는 긴 촉수와 가시라는 천적을 퇴치할 수 있는 무기가 있기 때문에 '기생충 가설'이 진짜일 확률은 낮다.

자기 새끼를 사랑하는 아퀼로니퍼

문 닫을 시간이에요.

우리 아기가 아직 먹는 중이라고요!

아퀼로니퍼는 세부 분류에서 어느 그룹의 생물에 해당되는지 아직 뚜렷하게 정해지지 않았다. 상당히 낯선 모습의 생물이지만, 캄브리아기에 출현한 마렐라처럼 마렐로모루프류에 가까운 생물로 추측한다.

콜림보사톤

[학명] Colymbosathon
[분류] 개형충류
[시대] 실루리아기
[식성] 불명
[크기] 약 5mm

몸길이 5mm 정도의 작은 생물 '콜림보사톤' '개형충류'로 분류되는 갯반디와 같은 그룹의 절지동물이다.

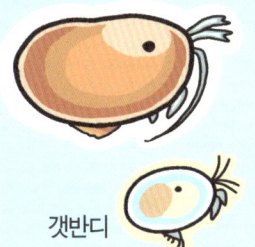
갯반디

작고 생김새도 평범해서 '소중한 지면을 할애할 가치가 있을까?'라고 의문을 품은 독자도 있을지 모른다.

그렇게 심한 말을!

하지만 콜림보사톤은 이전 시대에서는 발견되지 않았던 '어떤 특징'이 화석으로 남아 있는 기념비적인 생물이라고 할 수 있다.

어떤 특징이란… 그렇다! 생식기!

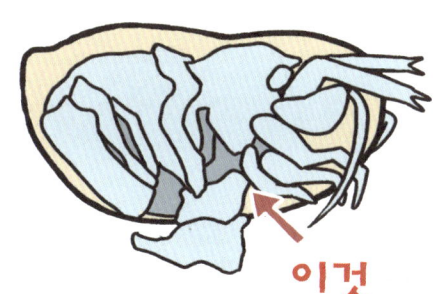
이것

보통 화석으로 성별을 구별하기란 매우 어려운 일이다. 알이나 태아가 발견되는 경우에는 암컷임을 확실히 알 수 있지만

수컷의 '증거'는 거의 화석으로 남지 않는다.

즉 콜림보사톤은 현시점에서 알 수 있는 '가장 오래된 수컷'

남자 중의 남자.
덤벼 보시지!

* 화석이 없을 뿐 '수컷'의 존재는 훨씬 오래전부터 있었다.

아마도 콜림보사톤은 자기 생식기가 4억 년 이상의 시간이 흐른 뒤 관찰 대상이 되고, 책으로 출판되리라고는 꿈에도 생각하지 못했을 것이다.

자기야, 같이 가!

개형충류 화석에서는 생식기뿐 아니라 무려 정자도 발견되었다. 약 1억 년 전인 중생대 백악기의 호박에서 찾아낸 개형충 화석 속에 흔적이 남아 있었다. 개형충류는 '성의 진화' 연구 분야에서 대단한 성과를 이끌어 낼 가능성을 품고 있다.

마지막 라디오돈타류

- 몸길이 10cm 정도의 작은 라디오돈타류
- 비행기 날개 같은 지느러미
- 항문으로 추측되는 구멍도 화석에서 확인된다.

스킨데르한네스

[학명] Schinderhannes
[분류] 라디오돈타류
[시대] 데본기
[식성] 육식
[크기] 약 10cm

나를 쓰러뜨려도 언젠가 또 다른 아노말로카리스의 후예가 나타날 것이다….

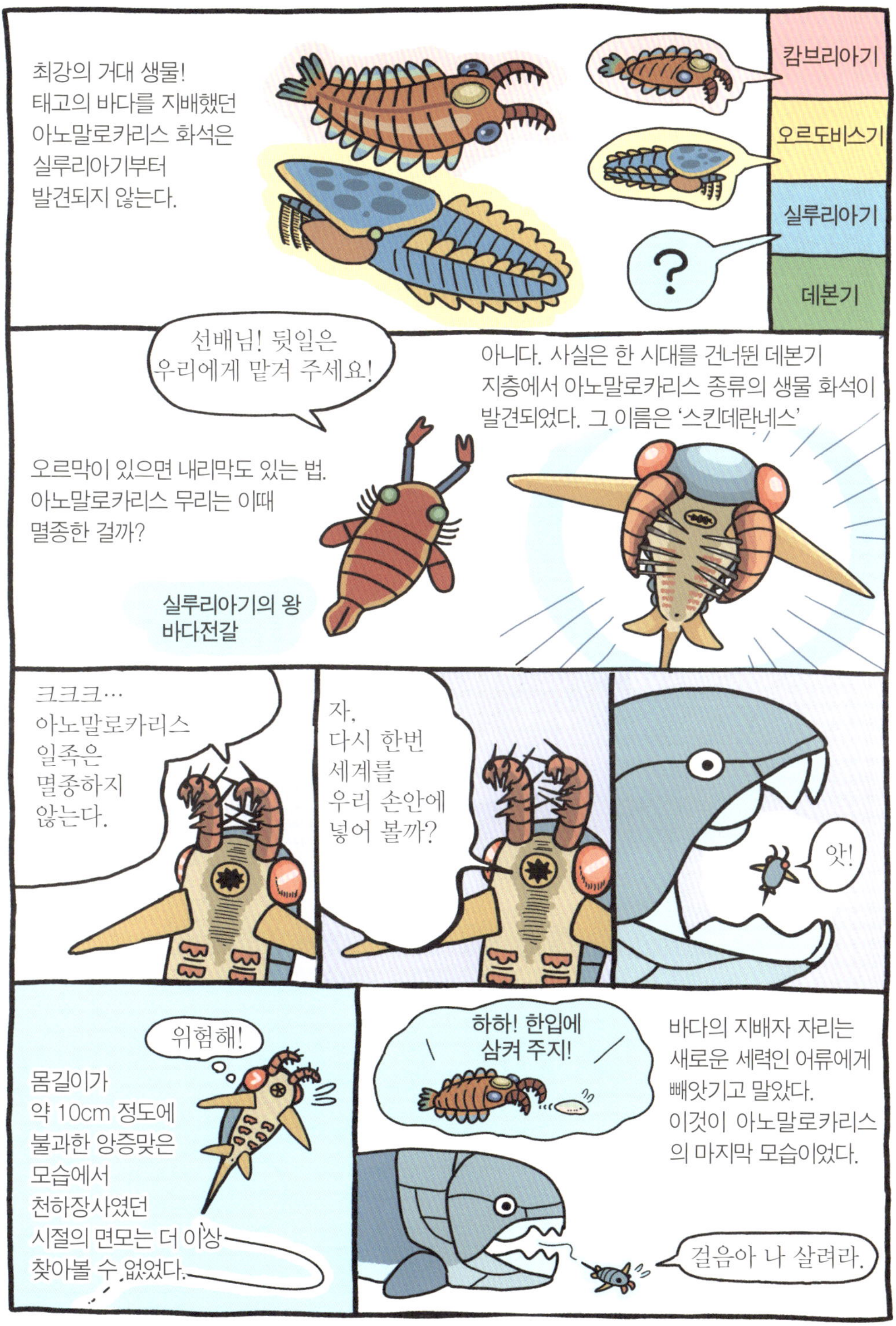

최강의 거대 생물! 태고의 바다를 지배했던 아노말로카리스 화석은 실루리아기부터 발견되지 않는다.

캄브리아기
오르도비스기
실루리아기
데본기

선배님! 뒷일은 우리에게 맡겨 주세요!

아니다. 사실은 한 시대를 건너뛴 데본기 지층에서 아노말로카리스 종류의 생물 화석이 발견되었다. 그 이름은 '스킨데란네스'

오르막이 있으면 내리막도 있는 법. 아노말로카리스 무리는 이때 멸종한 걸까?

실루리아기의 왕 바다전갈

크크크… 아노말로카리스 일족은 멸종하지 않는다.

자, 다시 한번 세계를 우리 손안에 넣어 볼까?

앗!

위험해!

하하! 한입에 삼켜 주지!

몸길이가 약 10cm 정도에 불과한 앙증맞은 모습에서 천하장사였던 시절의 면모는 더 이상 찾아볼 수 없었다.

바다의 지배자 자리는 새로운 세력인 어류에게 빼앗기고 말았다. 이것이 아노말로카리스의 마지막 모습이었다.

걸음아 나 살려라.

 스킨데란네스가 가진 촉수와 눈의 구조를 조사한 결과, 캄브리아기에 출현한 라디오돈타류의 후르디아(Hurdia)라는 생물과 비슷하다는 사실이 확인되었다. 동그란 모양의 입도 아노말로카리스 종류에게서 발견되는 신체적인 특징이다.

하늘을 자유롭게
날고 싶었던 생물

현대 곤충보다 2장 더 많은
3쌍 6장의 날개를 가졌다.

스테노딕티아

[학명] Stenodictya
[분류] 고망시류
[시대] 석탄기
[식성] 식물의 수액
[크기] 약 20cm

내 날개 좀
나눠 드릴까요?

지구에 처음으로 거대 밀림이 조성된 '석탄기'. 가장 먼저 밀림에 적응한 곤충들은 단숨에 번성하여 시대를 점령했다.

석탄기를 대표하는 곤충 '스테노딕티아' 지금의 곤충과 달리 날개가 6장인 점이 특징이다.

식물의 수액을 주로 먹는다.

쪽쪽

곤충은 생활에서 쉽게 볼 수 있는 익숙한 존재지만, 가장 빨리 '위대한 업적'을 달성한 생물이기도 하다.

육지도 살 만하군요! 대장님!

앞으로는 여기가 우리 땅이다.

곤충들은 이미 '날개'를 손에 넣은 상태였다. 즉 지구에서 처음으로 하늘을 날았던 존재가 바로 '곤충'이었던 것이다.

약 3억 년 전 척추동물이 드디어 땅 위로 진출했을 무렵

참고로 바퀴벌레가 등장한 것도 이 시대

과연 '하늘'은 다툼이 없고 평화로운 낙원이었을까?

하늘을 날아 보니 참 좋네!

여기는 무서운 천적도 없고 최고야!

행복한 곤충 생활은 꿈같은 이야기일 뿐이었다고 한다.

스테노딕티아가 속한 고망시류는 석탄기와 페름기에 매우 번성했으며 당시 전체 곤충의 약 50%를 차지할 만큼 많았다. 지금은 멸종해서 볼 수 없는 전설의 곤충이다.

메가네우라

[학명] Meganeura
[분류] 원시잠자리류
[시대] 석탄기
[식성] 육식
[크기] 약 70cm

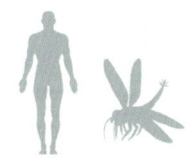

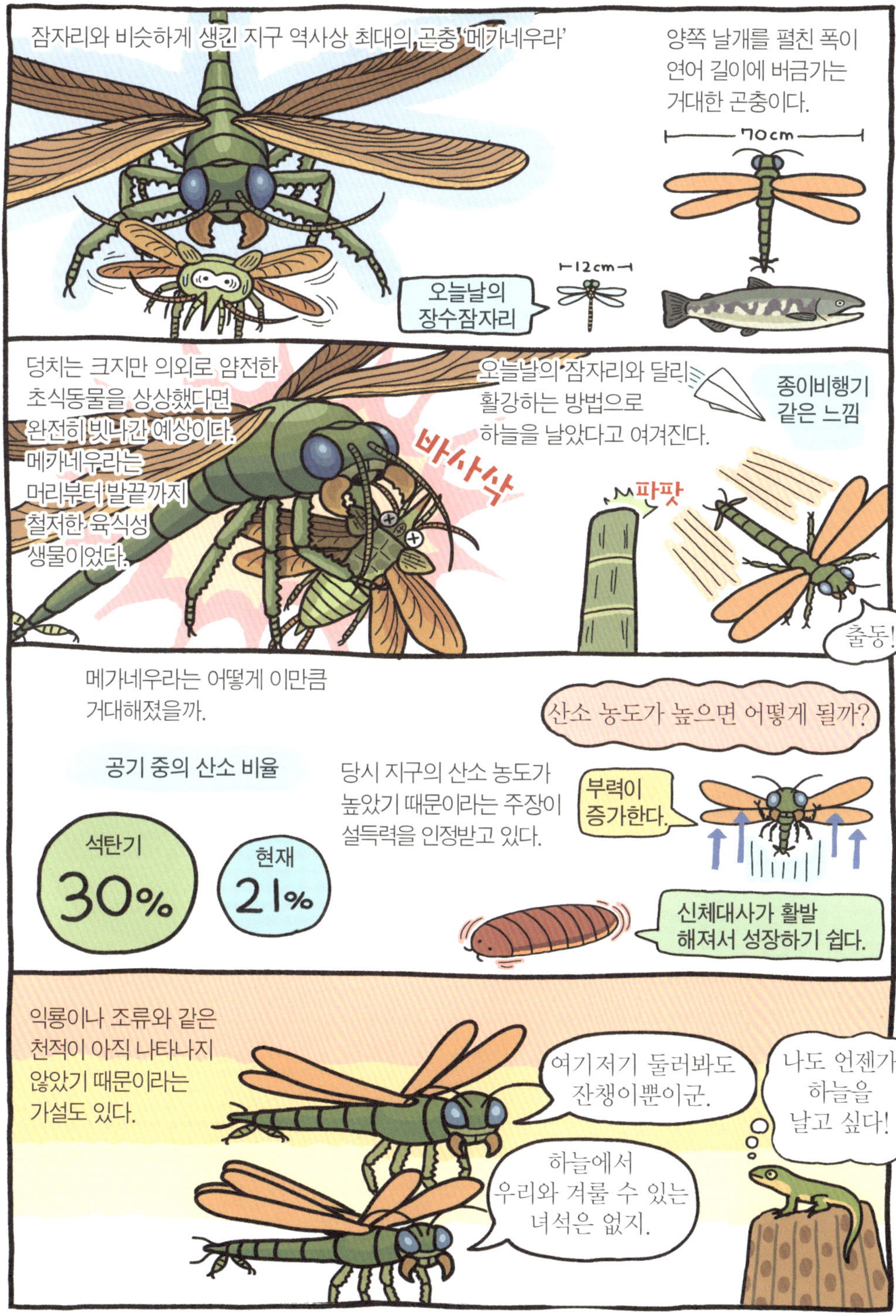

아트로플레우라

[학명] Arthropleura
[분류] 절지동물류
[시대] 석탄기
[식성] 초식
[크기] 약 2m

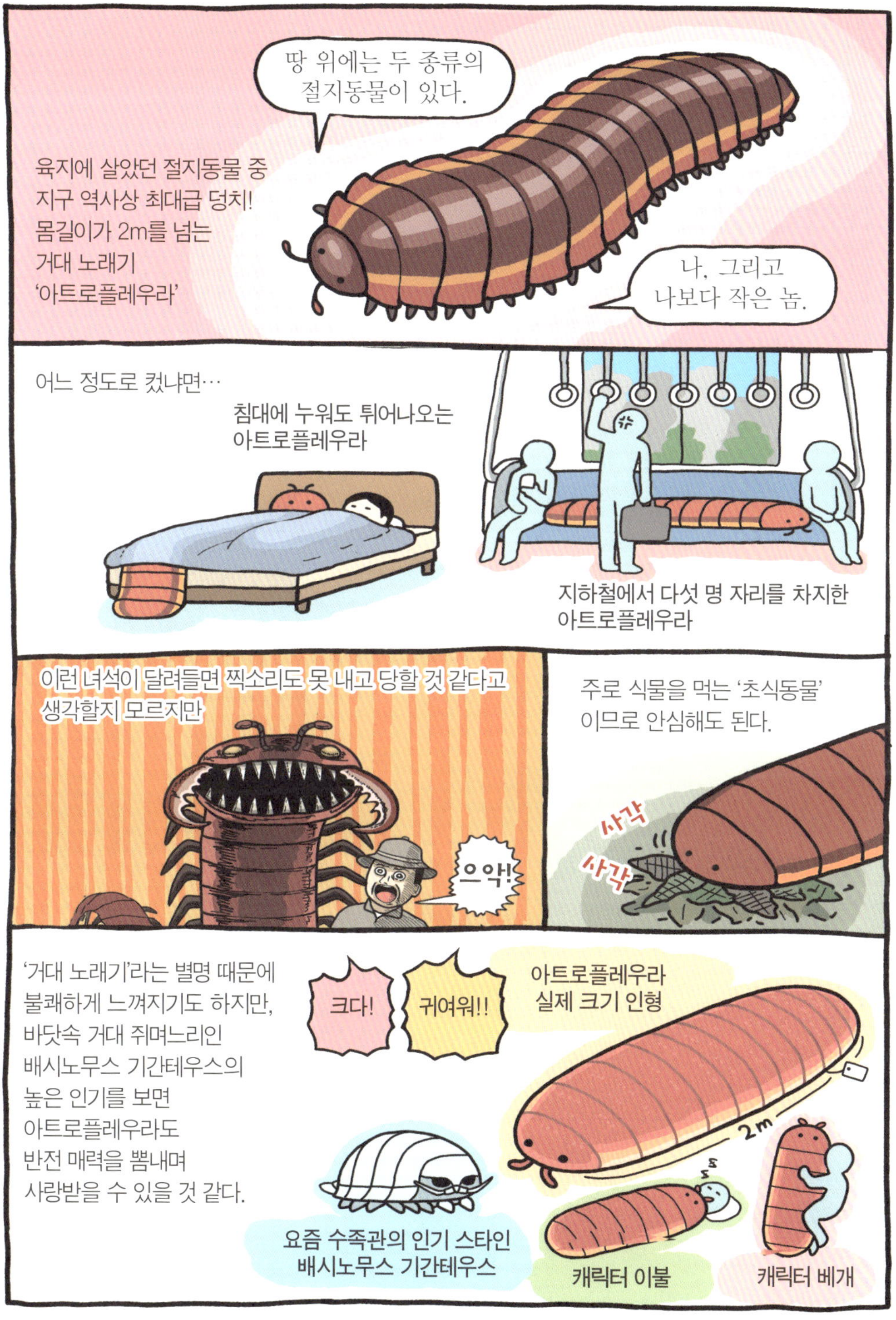

아트로플레우라는 발자국 화석도 다양한 장소에서 발견되었는데, 지나간 흔적이 10~38cm 정도 너비의 두 줄로 남겨져 있었다. 그중에서 캐나다 동부 연안의 뉴브런즈윅주에서 발견된 발자국은 5.5m 가량 이어져서, 나무 사이를 기어가듯이 움직였다는 사실이 확인되었다.

삼엽충의 전설

머리끝이 뾰족하다

크기는 2cm 정도

케이로피게

[학명] Cheiropyge
[분류] 삼엽충류
[시대] 페름기
[식성] 불명
[크기] 수 cm 내외

또 어딘가에서 꼭 만나자….

궁금해! 고생물 칼럼

두 번째

멸종 없이는 번영도 없다

생물의 대량 멸종 '빅 파이브(Big Five)'

고생대 캄브리아기부터 현대에 이르기까지 많은 생물이 한꺼번에 사라진 대규모 멸종이 다섯 번 발생했다. 이 대량 멸종 사건을 '빅 파이브'라고 부른다.
첫 번째는 오르도비스기 말에 일어났고 두 번째는 데본기 후기에 발생했는데, 모두 많은 생물이 멸종으로 내몰렸다.
그중에서도 최대 규모는 페름기 말에 지구를 뒤흔든 세 번째 빅 파이브였다. 이 시기에 바다 생물종의 96%가 모습을 감추었고, 육지에서 살던 생물도 장소에 따라서는 70% 이상이 멸종했다고 한다.
중생대 최초의 시대인 트라이아스기에 일어난 대량 멸종에서는 머지않아 포유류로 진화하는 단궁류가 살아남았고, 악어의 조상이 속한 위악류와 공룡의 생존 경쟁이 시작되었다.

파솔라수쿠스
트라이아스기에 살았던 파충류로 위악류에 속한 육상동물. 몸길이는 10m에 이르렀으며, 트라이아스기 생물 중 최대급 크기였다.

티라노사우루스
백악기에 나타난 공룡 중에서 용반류와 수각류의 특징을 갖춘 육식공룡. 몸길이는 대략 12m 정도였다. 무는 힘이 매우 강해서 먹이를 뼈째로 씹어 먹었을 것으로 추측된다.

마지막 대량 멸종 그리고 포유류의 등장

살아남은 생물들이 목숨을 건 싸움을 반복하던 트라이아스기 말에 다시 대량 멸종 사건이 발생했다. 바로 네 번째 빅 파이브.

단궁류와 위악류는 일부 종류만 겨우 살아남았지만, 공룡은 이 멸종을 극복하여 크게 번성했다. 공룡은 중생대의 주인공 자리를 차지했으나… 잘 알려진 것처럼 대량 멸종은 또 찾아오고야 말았다. 마지막 빅 파이브였다.

1억 년 넘게 세상을 호령했던 공룡은 멸종하고, 이번에는 중생대에 숨죽여 살던 포유류가 본격적으로 번영하기 시작했다.

멸종 없이는 번영의 기회도 없다. 오늘날까지 이어진 생태계의 진화에는 대량 멸종이 큰 영향을 미쳤다고 할 수 있다.

털매머드
신생대 제4기의 포유류 중 장비류 코끼리과에 속한 동물. 어깨까지의 높이가 3.5m 정도이다. 온몸을 덮은 긴 털로 추위를 이겨 냈다.

밀로쿤밍기아
피카이아
아란다스피스
클리마티우스
안드레오레피스
메가마스탁스
케팔라스피스
보트리오레피스

이크티오스테가
아크모니스티온
페데르페스
크라시지리누스
레티스쿠스
디플로카울루스
디아덱테스
툴리몬스트룸

제2장 골격을 갖추게 된 고생물

마이크로브라키우스
마테르피스키스
둔클레오스테우스
클라도셀라케
히네리아
유스테놉테론
판데리크티스
틱타알릭
아칸토스테가

힐로노무스
에리옵스
게로바트라쿠스
메소사우루스
코엘루로사우라부스
헬리코프리온
디메트로돈
코틸로린쿠스
이노스트란케비아
디익토돈

2

밀로쿤밍기아

[학명] Myllokunmingia
[분류] 어류
[시대] 캄브리아기
[식성] 여과 섭식(유기물)
[크기] 약 3cm

하늘, 땅, 바다

지금 지구는 인류를 포함한 척추동물이 천하를 점령했다고 해도 과언이 아니다.

이러한 최강 라인업을 만든 우리의 조상이 바로 이 생물이다.

가장 오래된 척추동물 밀로쿤밍기아!

약 5억 1,500만 년 전에 살았음

칠성장어처럼 무악류 생물에 속하는 이른바 턱이 없는 '물고기' 종류다.

선배님의 전설은 5억 년이나 이어져 내려오고 있습니다!!

무악류 고등학교 1학년 칠성장어

터무니없이 약할 것 같은 생김새인데 실제로는…

삼엽충 / 비늘이 없음 / 딱딱 / 턱이 없음 / 매끈매끈 / 너를 문다 / ?

진짜로 공격력도 방어력도 거의 없는 멸치 수준이었다.

고오오오오오오오

못 이겨!!

아노말로카리스
공격력: 1740
방어력: 1362

밀로쿤밍기아
공격력: 2
방어력: 3

당시 바다의 지배자는 절지동물.

내 눈에 띄지 말랬지!
괴롭히지 마.
이 조그만 게!

완전 무장한 포식자들 사이에서 우리의 조상은 겁에 질려 잔뜩 쪼그라든 하루하루를 보냈을 것이다.

기 죽지 말고 힘내, 밀로쿤밍기아! 지금의 우리가 있는 것은 모두 네 덕분이야!

흑흑… 나도 더 강해지고 싶어.

 밀로쿤밍기아와 매우 비슷한 어류 중 하이쿠이크티스(Haikouichthys)의 화석도 같은 시기에 발견되었다. 100개 이상의 화석이 남아 있었다는 점으로 미루어 짐작하면, 하이쿠이크티스는 무리를 이루어 생활했을 것이다. 밀로쿤밍기아를 하이쿠이크티스와 동일종으로 보는 의견도 있다.

피카이아

[학명] Pikaia
[분류] 척삭동물
[시대] 캄브리아기
[식성] 여과 섭식(유기물)
[크기] 약 6cm

몸에 비늘을 단 최초의 어류

몸의 앞쪽은 갑옷처럼 뼈로 덮여 있다.

지느러미는 꼬리지느러미 하나뿐이다.

몸의 뒤쪽은 비늘로 덮여 있다.

아란다스피스

[학명] Arandaspis
[분류] 어류(무악류)
[시대] 오르도비스기
[식성] 여과 섭식(유기물)
[크기] 약 20cm

살아남는 게 이기는 거다.

지금까지 줄거리

압도적으로 약자였던 인류의 조상 '어류'. 새로운 힘을 손에 넣지 않으면 멸종할 수밖에 없었다.

최초의 어류가 등장하고 약 5,000만 년이 지난 오르도비스기. 시간이 흘러 진화에 성공한 어류가 나타났다.

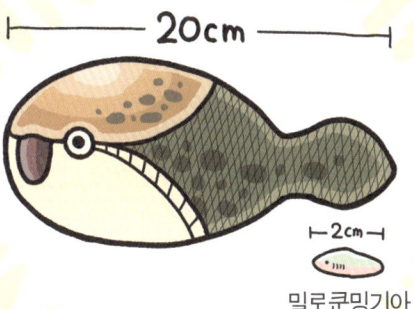

그 이름은 바로 '아란다스피스'. 몸은 커졌지만 여전히 턱도 없었고, 지느러미도 하나뿐인 '무방비한' 모습이었다.

하지만 이 물고기는 후세로 이어지는 대단한 발명을 해냈다. 그것은… 바로 '비늘'.

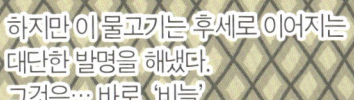

어류에게 거의 없다시피 했던 방어력을 비로소 채울 수 있게 된 것이다.

하지만 공격력은 변함없이 형편없었다.

"진흙탕 물을 마시며 살아가고 있답니다…."

진흙 속의 유기물을 먹었을 것으로 여겨진다.

우리의 조상은 무기보다 방어 도구를 먼저 마련하는 성격이었던 것이다.

비늘 갑옷 180G
청동검 120G

"당장 입고 가실래요?"

 비늘은 물의 저항을 줄여 주는 효과도 있기 때문에 아란다스피스는 비늘이 없는 물고기보다 빠르게 헤엄칠 수 있었을 것이다. 다만 꼬리지느러미 이외의 다른 지느러미가 없다면 물속에서 몸을 제어하기 어려우므로 제대로 헤엄칠 수 없었을 가능성도 있다.

턱을 갖게 된 물고기

호수나 강에서 사는 담수어류였다.

꼬리지느러미를 제외한 다른 지느러미는 모두 뾰족한 가시 형태이다.

눈이 크고 코가 작다. 시력을 이용해서 먹이를 찾았을 것으로 생각된다.

클리마티우스

[학명] Climatius
[분류] 어류(극어류)
[시대] 실루리아기
[식성] 육식
[크기] 약 15cm

으흐흐…고기… 고기 먹고 싶다….

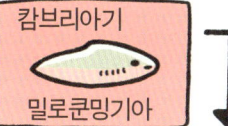

약자로 시작한 어류의 역사

실루리아기에는 드디어 어류다운 어류가 등장한다. 이름은 '클리마티우스'

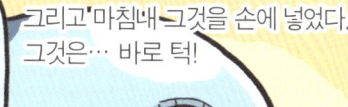

'극어류'라는 그룹에 속했으며 지느러미가 가시처럼 변해서 매우 공격적인 외형을 갖추고 있었다.

옛날에는 이런 애 없었는데….

거참, 불만이 많으시네요!

그리고 마침내 그것을 손에 넣었다. 그것은… 바로 턱!

이 인류의 조상은 턱이 생기면서 염원하던 '공격력'을 갖게 된 것이다.

와그작

와아~!

참고로 말하자면 아가미를 지탱하는 뼈가 턱이 된 것으로 보인다.

잡아먹히는 자에서 '잡아먹는 자'로 변신. 오늘날 지구에서 척추동물이 강자로 군림할 수 있는 것도 턱이 존재한 덕분이라고 할 수 있다.

턱이 있어서 가장 좋은 점은 밥을 맛있게 먹을 수 있다는 것!

꼭꼭 씹어 먹으렴!!

와구와구

 극어류는 색깔을 인식하는 능력이 있었을지도 모른다. 석탄기 지층에서 발견된 극어류 아칸토데스 (Acanthodes)의 화석 연구가 진행되면서, 눈의 연조직이 확인되었기 때문이다. 이 조직은 명암과 색깔을 식별하는 조직이었다.

어류의 미래를 바꾼
카리스마 창업자

지느러미에 근육이 있다.

안드레오레피스

[학명] Andreolepis
[분류] 어류(조기어강)
[시대] 실루리아기
[식성] 불명
[크기] 약 20cm

현상 유지는 못난 애들이나 하는 거죠.

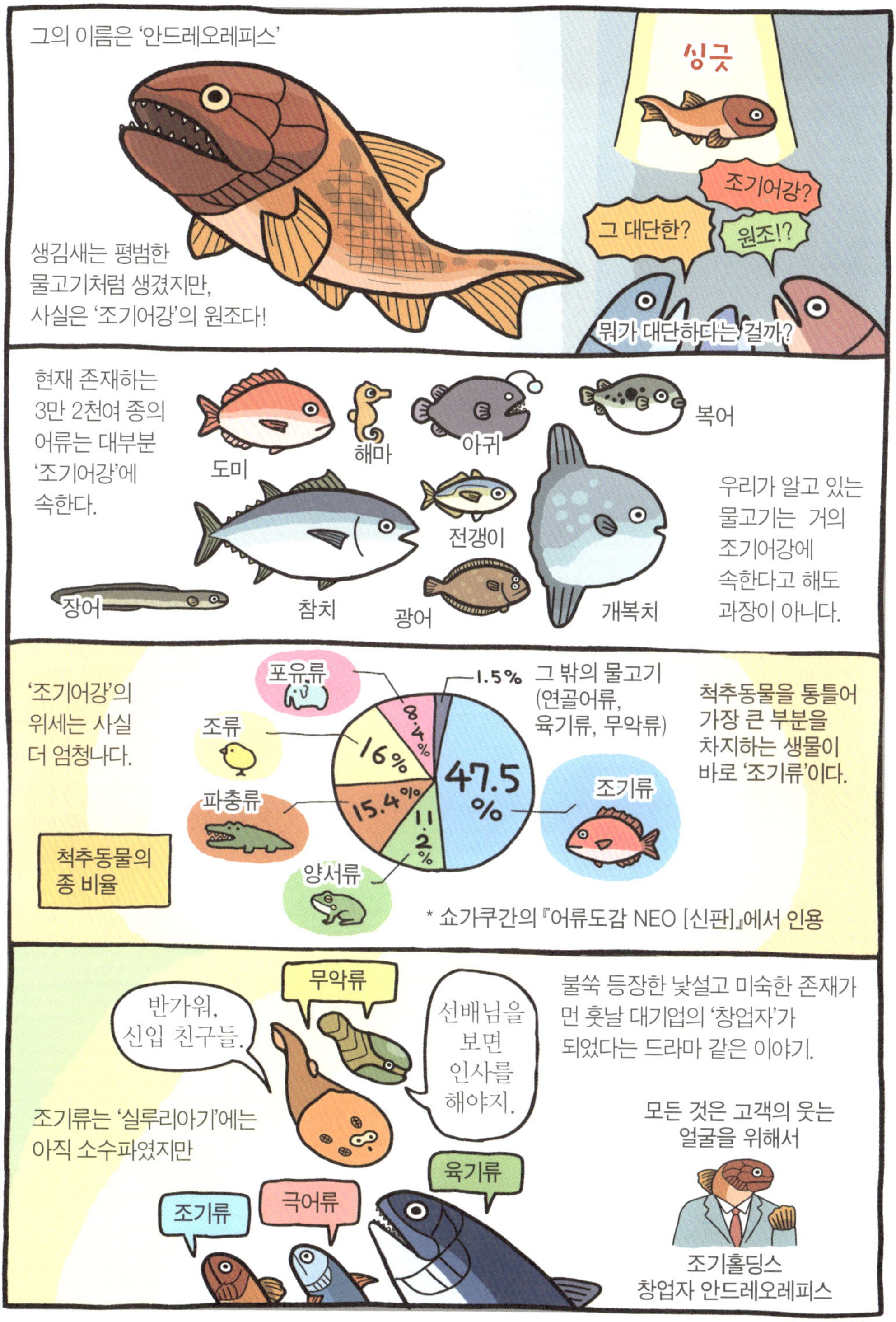

그의 이름은 '안드레오레피스'

생김새는 평범한 물고기처럼 생겼지만, 사실은 '조기어강'의 원조다!

싱긋

조기어강? 그 대단한? 원조!?

뭐가 대단하다는 걸까?

현재 존재하는 3만 2천여 종의 어류는 대부분 '조기어강'에 속한다.

도미, 해마, 아귀, 복어, 장어, 참치, 전갱이, 광어, 개복치

우리가 알고 있는 물고기는 거의 조기어강에 속한다고 해도 과장이 아니다.

'조기어강'의 위세는 사실 더 엄청나다.

척추동물의 종 비율

포유류 8.4%
조류 16%
파충류 15.4%
양서류 11.2%
그 밖의 물고기 (연골어류, 육기류, 무악류) 1.5%
조기류 47.5%

척추동물을 통틀어 가장 큰 부분을 차지하는 생물이 바로 '조기류'이다.

* 쇼가쿠간의 『어류도감 NEO [신판]』에서 인용

불쑥 등장한 낯설고 미숙한 존재가 먼 훗날 대기업의 '창업자'가 되었다는 드라마 같은 이야기.

무악류
반가워, 신입 친구들.
선배님을 보면 인사를 해야지.

조기류는 '실루리아기'에는 아직 소수파였지만

조기류 극어류 육기류

모든 것은 고객의 웃는 얼굴을 위해서

조기홀딩스 창업자 안드레오레피스

지구에 서식하는 포유류의 종류는 약 5,500종이며, 조기류의 종류는 포유류의 4배 정도 많다. 조기류의 종류는 약 2만 7,000종으로 현재 지구에서 종류의 숫자가 가장 많은 척추동물 그룹이다.

최초의 거대 어류 스타

화석은 중국 운남성에서 발견되었다.

작은 이빨과 큰 이빨이 나란히 자랐다.

실러캔스, 폐어와 마찬가지로 육기어류에 속하는 물고기

메가마스탁스

[학명] Megamastax
[분류] 어류(육기류)
[시대] 실루리아기
[식성] 육식
[크기] 약 1m

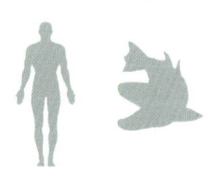

우적우적… 버걱버걱… 오도독… 꿀꺽.

메가마스탁스의 화석은 턱의 일부만 발견되었다. 화석의 크기는 12cm였는데, 이것을 기준으로 메가마스탁스의 전체 몸길이를 약 1m 정도라고 짐작하고 있다. 메가마스탁스의 이름은 '커다란 입'이라는 뜻이다.

케팔라스피스

어류의 챔피언 도전

오늘날의 칠성장어와 마찬가지로 턱이 없는 '무악류' 종류

머리 가장자리에 오목한 부분이 있는데, 그곳에 신경이 들어 있었을 것이다.

머리 부분은 뼈로 된 하나의 판으로 덮여 있다.

[학명] Cephalaspis
[분류] 어류(두갑류)
[시대] 데본기
[식성] 여과 섭식(유기물)
[크기] 약 30cm

내가 여기에서 멈출 것 같으냐!

보트리오레피스

[학명] Bothriolepis
[분류] 어류(판피류)
[시대] 데본기
[식성] 여과 섭식(유기물)
[크기] 수십 cm 내외

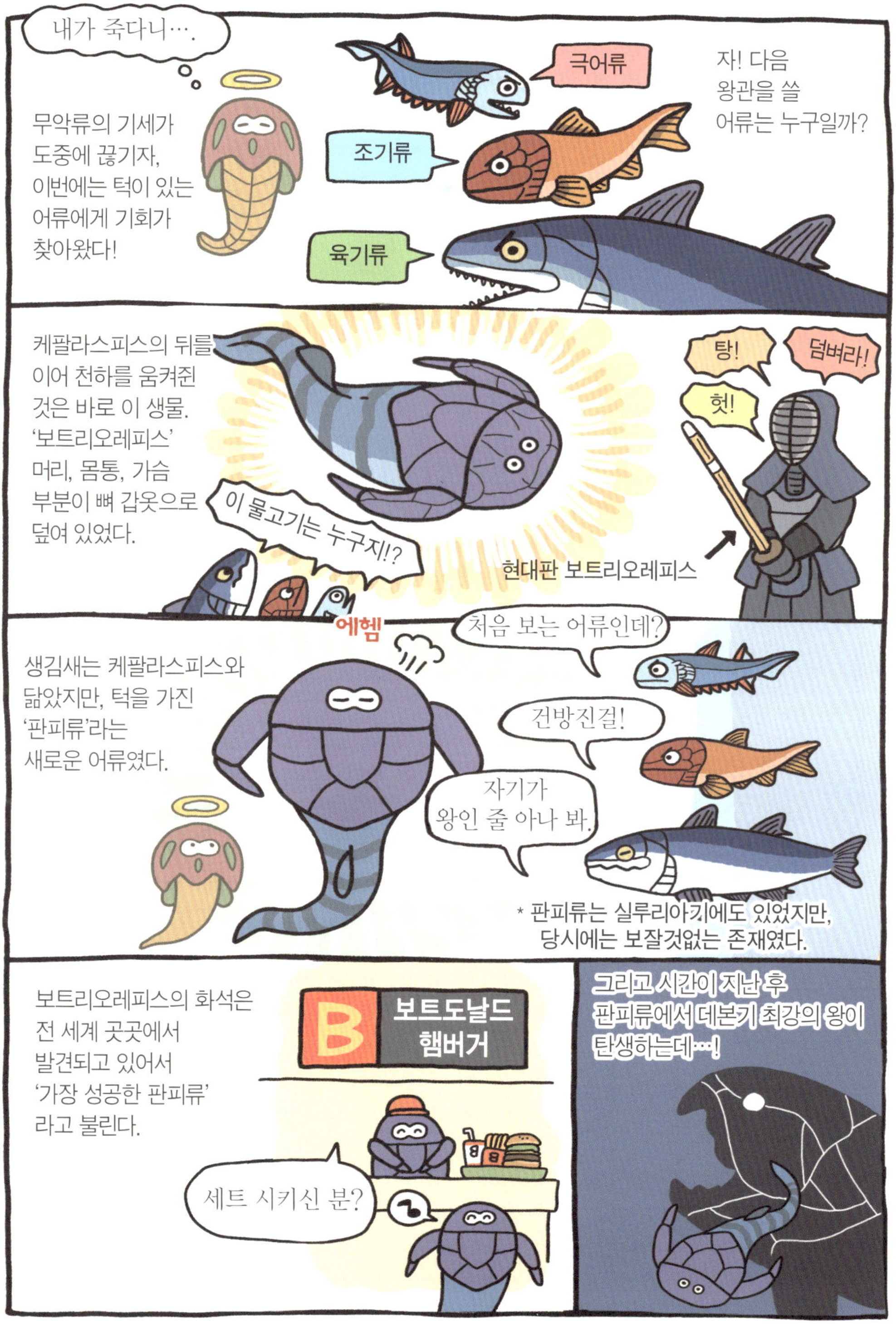

데본기 이후 판피류의 다양성은 다른 어류들과 비교 불가능할 정도였고, 분포 영역은 세계 각지에 이르렀다고 한다. 크게 번성한 판피류 속강의 어류 숫자는 확인된 것만 약 240가지나 되고, 그중에서도 보트리오레피스 속에는 100종 이상의 친척 어종이 포함된다.

마이크로브라키우스

[학명] Microbrachius
[분류] 어류(판피류)
[시대] 데본기
[식성] 불명
[크기] 약 10cm

사랑해. 나도 사랑해.

'마이크로브라키우스' 이 판피류의 화석에서 믿기 힘든 '어떤 것'이 2014년에 발견되었다.

의문의 돌기!

대체 그 정체는 무엇일까 온갖 추측이 떠돌았는데… '생식기'였다.

'물고기에게 생식기가 있다고?' 놀라는 사람도 있겠지만 상어나 가오리처럼 원래 생식기를 가진 물고기도 존재한다.

전문 용어로 상어와 가오리의 생식기를 '지느러미다리(교미기)'라고 부른다.

생식기는 '체내수정'으로 번식했다는 증거

알 다 낳았어.

뒷일은 내게 맡겨!

대부분의 어류는 '알을 낳은 뒤 정자를 뿌리는' 체외수정을 한다.

약 3억 8,500만 년 전에 살았던 마이크로브라키우스의 흔적은 지금까지 발견된 척추동물의 생식기 화석 중 가장 오래된 것이다. 즉 사랑의 기원은 이처럼 오랜 옛날까지 거슬러 올라간다.

현재 지구상에서 '사랑'이 넘쳐흐르는 것도 태곳적부터 '사랑'을 노래한 전도사들의 덕분인 것이다.

와, 미래의 우리 모습이구나.

'사랑'이란 위대한 거야.

오늘날 상어와 가오리의 지느러미다리는 배지느러미 등과 연결되는 기관인데, 마이크로브라키우스의 지느러미다리는 배지느러미와 관계가 없는 단단한 뼈로 구성되어 있고 골반에 고정되어서 움직일 수 없었던 것으로 보인다.

마테르피스키스

가장 오래된 어미

판피류지만 머리와 몸통을 덮는 뼈 갑옷이 퇴화했다.

알을 낳는 '난생'이 아니라 뱃속에서 새끼를 어느 정도 키워서 낳는 '태생' 생물

[학명] Materpiscis
[분류] 어류(판피류)
[시대] 데본기
[식성] 육식
[크기] 약 25cm

옳지, 옳지! 잘한다.

멸종한 탓에 이제는
그 모습을 볼 수 없는
사라진 종족, '판피류'
그 정체를 밝힐
열쇠를 쥔 생물이 바로
'마테르피스키스'이다.

이 물고기의 화석을
자세히 들여다보았더니
가느다란 실과 같은
흔적이 발견되었다.

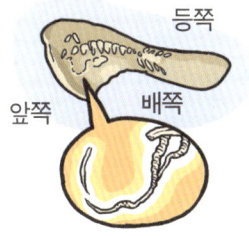

등쪽
앞쪽 배쪽

태아로 보이는 어린 물고기의
화석도 발견되었다.

이것의 정체는 바로 '탯줄'
현대의 상어중 일부 종류도 탯줄이 있다.

귀상어
흉상어

탯줄은 마테르피스키스의
새끼가 알이 아니라
엄마 뱃속에서
성장하고 태어나는
'태생'이라는
사실을 알려 준다.

무럭무럭

그리고 이 화석은 가장 오래된 태생의 증거 중
하나이다. 즉, 마테르피스키스는 '가장 오래된
어미'

우쭈쭈.

'체내수정', '태생'
이러한 번식
방법으로
추측해 보면

우리는
언제나

이런
자세야.

판피류는 상어나 가오리와
비슷했을지도 모른다.

마테르피스키스라는 이름은 '엄마 물고기'라는 뜻이다. 판피류의 특징인 뼈 갑옷은 퇴화했지만, 다른 판피류
와 마찬가지로 이빨이 아닌 이빨 모양의 뼈 판을 갖고 있었다.

둔클레오스테우스

고생대 최강 생물 바다의 왕자

화석으로 남은 부분은 머리의 '갑주' 뿐으로 몸은 발견되지 않았다.

이빨처럼 보이지만 사실은 이빨이 아닌 뼈 판

[학명] Dunkleosteus
[분류] 어류(판피류)
[시대] 데본기
[식성] 육식
[크기] 약 8m

판피류가 아니면 물고기라고 할 수 없지.

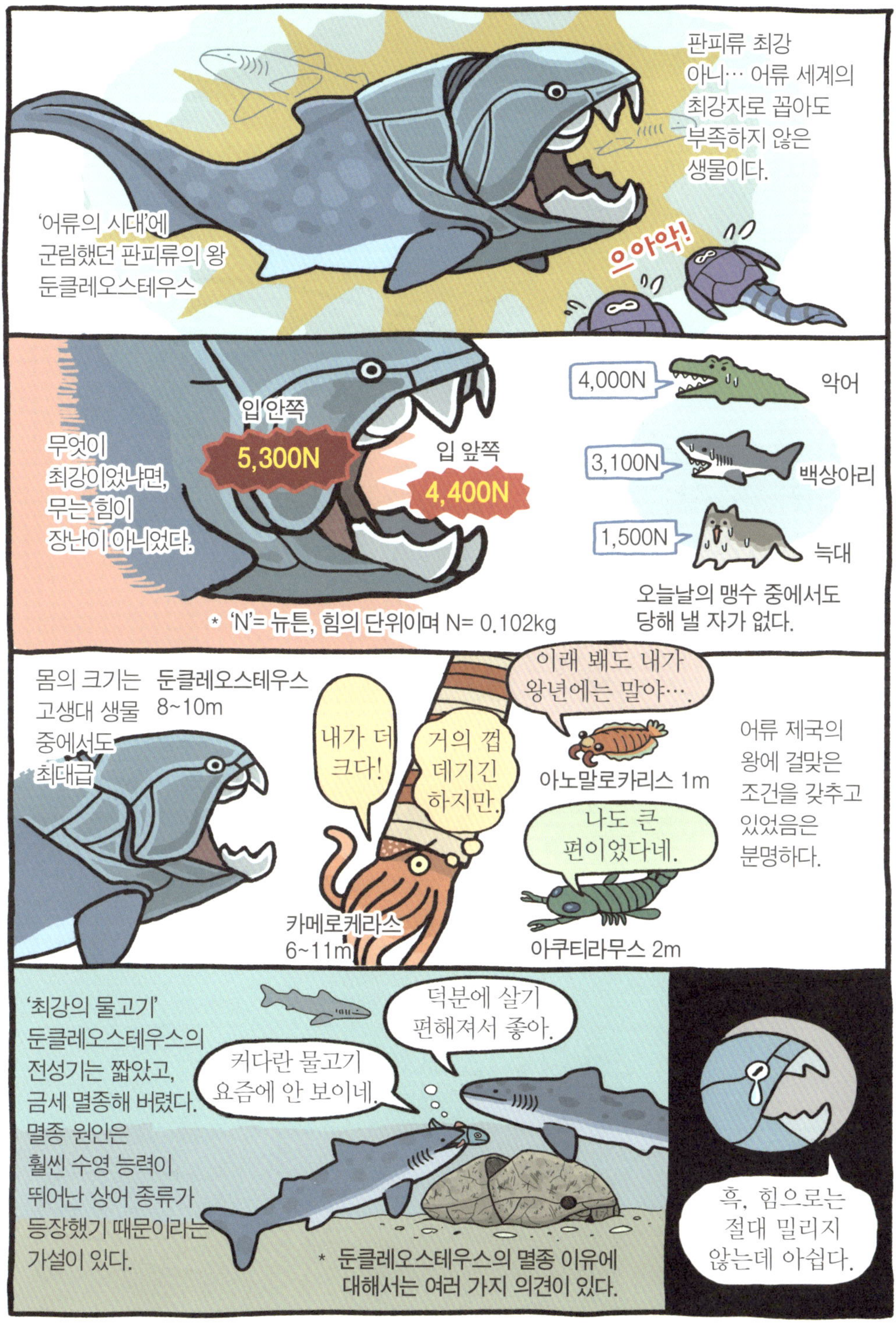

원시 상어

첫 번째 등지느러미의 앞쪽 가장자리를 따라서 굵은 가시가 자랐다.

가슴지느러미의 폭이 넓고 꼬리지느러미가 위아래 대칭을 이루는 특징은 오늘날의 상어류와 비교할 때 눈에 띄는 차이점

클라도셀라케는 엄밀히 말하면 오늘날의 상어류가 아닌, '상어와 비슷한 연골어류'이다.

클라도셀라케

[학명] Cladoselache
[분류] 어류(연골어류)
[시대] 데본기
[식성] 육식
[크기] 약 2m

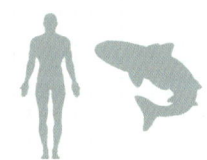

유연함이 장점입니다.

지금의 단계에서는 데본기 전기의 지층에서 발견된 돌리오두스(Doliodus)라는 물고기가 가장 오래된 연골어류로 알려져 있다. 연골어류는 오르도비스기 후기부터 등장한 것으로 보이지만, 이름처럼 뼈가 부드러워서 화석으로 남기 힘들기 때문에 확인된 정보는 많지 않다.

궁금해! 고생물 칼럼

세 번째

'살아 있는 화석'은 우리 주변에도 있다

만나고 싶어도 만날 수 없는 고생물

이 책을 읽고 '지금까지 고생물에 대해 전혀 몰랐는데, 알고 보니 재밌네!' 하며 관심이 깊어졌을 수도 있다. 하지만 잊지 말아야 할 중요한 사실이 있다. 아무리 고생물을 좋아하게 되더라도 살아 있는 모습은 절대 볼 수 없다는 것이다. 슬프지만 남아 있는 화석을 통해 고생물이 존재했던 시절을 머릿속에서 그려 보는 것이 최선이다. 하지만 고생물과 비슷한 생물이라면 지금도 남아 있는 것이 있다. 바로 '살아 있는 화석'이라 불리는 생물이다.

주름상어
데본기에 유행한
'입이 앞쪽에 달린 얼굴'의
클라도셀라케(위).
이 모습을 계승한
오늘날의 주름상어(아래).

실러캔스
멸종했다고 알려졌던 미구아사이아(위) 등의 실러캔스류. 하지만 1938년에 아프리카 동해안 먼 바다에서 라티메리아(아래)가 발견되면서 살아 있는 화석 물고기로 불리고 있다.

하지만 '살아 있는 화석'도 존재한다는 사실

앵무조개, 투구게, 바다나리, 먹장어, 실러캔스, 주름상어, 은상어와 같은 생물은 몇억 년째 외모를 유지하고 있는 '살아 있는 화석'이다! 이 중 어떤 종류는 수족관에 전시되어서 실제로 관찰할 수도 있다. 살아 있는 화석을 직접 보고 상상 속의 고생대를 거닐어 보는 것도 좋은 경험이 될 것이다.

바다 생물뿐 아니라, 우리 주변에도 살아 있는 화석이 존재한다. 바로 바퀴벌레. 바퀴벌레는 고생대와 비교해 거의 모습이 바뀌지 않았기 때문에 확고한 신념을 가진 살아 있는 화석이라고 할 수 있다. 이렇게 생각하면 바퀴벌레도 다른 고생물처럼 아주 조금은 좋아지지 않을까.

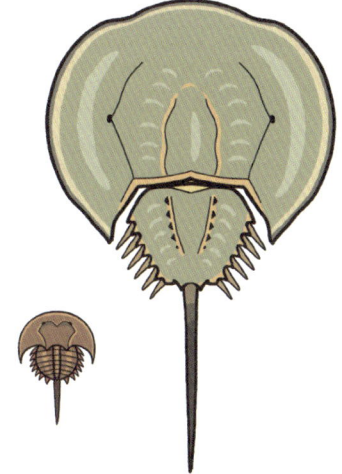

투구게
오르도비스기부터 현대까지 지구 역사의 산증인이 된 투구게류. 지금 볼 수 있는 종(오른쪽)은 유플롭스(가운데)나 루나타스피스(왼쪽) 등의 고생대 종류보다 크다.

히네리아

[학명] Hyneria
[분류] 어류(육기류)
[시대] 데본기
[식성] 육식
[크기] 약 4m

히네리아는 원시적인 폐를 갖고 있었을 것이라는 가설이 있다. 폐는 공기 중에서 호흡하기 위한 기관인데, 만약 히네리아에게 폐가 있었다면 다른 물고기가 헤엄칠 수 없는 산소가 적은 웅덩이나 호수에서도 살 수 있었을 가능성이 높다.

유스테놉테론

팔이 달린 물고기

가슴지느러미 속에 팔과 똑같은 구조의 뼈가 있다.

위아래 대칭인 꼬리지느러미

[학명] Eusthenopteron
[분류] 어류(육기류)
[시대] 데본기
[식성] 육식
[크기] 약 1m

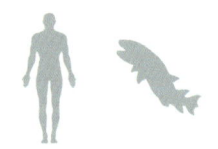

이 몸은 사실 특별한 물고기라고.

육지의 척추동물은 어류에서 진화했다고 알려져 있지만

물에서 사는 물고기가 땅 위로 올라갔다니 진짜로 그런 일이 가능했을까?
지금이다!
휘리릭

어류 상륙 작전을 증명하는 열쇠를 쥔 생물은 바로 '유스테놉테론' 메가마스탁스나 히네리아와 마찬가지로 육기류에 속한 물고기이다.

유스테놉테론의 가슴지느러미에는 뼈가 있다. 하지만 단순한 뼈라고 지나치면 안 된다.

이 지느러미의 뼈는 사람의 '팔'과 구조가 같다.
위팔뼈
노뼈
자뼈
유스테놉테론　사람

또한 등뼈는 꼬리지느러미의 거의 끝까지 쭉 뻗어 있다. 도롱뇽이나 도마뱀의 꼬리와 비슷한 구조

즉 유스테놉테론은 물속에서 살면서도 마음은 육지를 꿈꾸고 있었던 것이다.

나는 이런 곳에서 죽을 물고기가 아니야…!

육상에서 사는 척추동물과 똑같은 구조가 유스테놉테론의 몸에서 발견되었다. 그렇지만 유스테놉테론은 입과 눈이 작으며 눈이 양쪽 옆구리에 붙어 있는 등 어류의 특징 또한 갖고 있었다.

판데리크티스

지느러미를 버린 물고기

등지느러미와 배지느러미가 없다.

눈은 얼굴 위쪽에 달려 있다.

[학명] Panderichthys
[분류] 어류(육기류)
[시대] 데본기
[식성] 육식
[크기] 약 1m

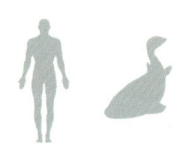

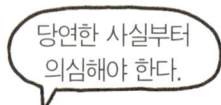
당연한 사실부터 의심해야 한다.

 유스테노프테론과 이다음에 설명할 틱타알릭의 화석은 캐나다에서 발견되었는데, 판데리크티스의 화석은 북유럽의 라트비아에서 발견되었다. 이러한 고생물들은 거의 동시대에 등장했기 때문에 직접적인 조상이나 자손 관계는 아니다.

틱타알릭

어류가 아닌 것 같은 생물

허리뼈가 있다.

물고기에게 없는 목이 있다.

어깨와 팔꿈치가 생긴 가슴지느러미 속에는 손목 관절도 있었다.

[학명] Tiktaalik
[분류] 어류(육기류)
[시대] 데본기
[식성] 육식
[크기] 약 2.7m

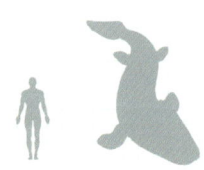

요즘 들어 어깨도 결리고 허리도 아파요.

판데리크티스의 바통을 이어받은 생물은 악어처럼 생긴 육기류 '틱타알릭'.

몸길이는 2.7m로 꽤 큰 덩치에 탁구대와 거의 비슷한 크기

이 물고기에게도 '팔'이 있었는데, 게다가 관절까지 갖췄다.

관절이 있다는 것은… 그렇다!

팔굽혀펴기 가능!

또한 틱타알릭은 보통 물고기에게 없는 '목', '어깨', '팔꿈치', '허리뼈'도 갖고 있었다.

허리뼈
목
어깨
팔꿈치

이 정도쯤 되면 당연히 물고기로 볼 수 없는 단계

쟤 '틱타알릭' 아니야?

아는 척 해야 할까?

마치 초등학교 시절 친했던 친구가 중학생이 되더니 비뚤어져서, 옛날 별명으로 불러도 될지 고민되는 느낌.

사지동물에게는 있고 물고기에게는 없는 특징을 가진 틱타알릭은 '어류 상륙'과 관련한 진화의 증거를 지닌 중요한 참고 자료다.

나는 여기까지 인가 봐요.

하지만 완전한 육상 진출에는 실패했다.

 2006년에는 틱타알릭의 하반신이 발견되지 않았지만, 2014년에는 골반과 함께 뒤쪽 지느러미 속의 뼈가 보고되었다. 얕은 개울 등을 이동할 때 도움이 되었을 뒷지느러미는 사지동물의 진화를 가늠할 수 있는 신체 구조로 주목받고 있다.

어류에서 탈퇴

앞다리의 발가락 수는 8개

뒷다리의 발가락 수는 정확하지 않지만 6~8개 정도였을 것이다.

아칸토스테가

[학명] Acanthostega
[분류] 사지동물
[시대] 데본기
[식성] 육식
[크기] 약 60cm

물고기처럼 비린내 나는 애들이랑 같은 취급하시면 곤란해요.

2016년에 진행된 어느 연구에서 지금까지 발견된 아칸토스테가의 화석은 모두 어린 새끼였을지도 모른다는 의견이 제기되었다. 아칸토스테가의 네 발은 땅 위를 활보하기에는 적합하지 않다고 알려졌는데, '새끼였기 때문에 관절이 약했던 것'이라는 가능성도 생각할 수 있게 되었다.

이크티오스테가

척추동물 드디어 상륙

앞다리의 발가락 수는 미상, 뒷다리의 발가락 수는 7개

꼬리에 지느러미가 붙어 있기 때문에 물속에서도 살았을 것이라는 의견도 있다.

[학명] Ichthyostega
[분류] 사지동물
[시대] 데본기
[식성] 육식
[크기] 약 1m

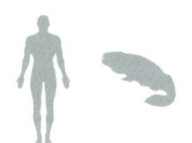

꼼짝도 하기 싫어.

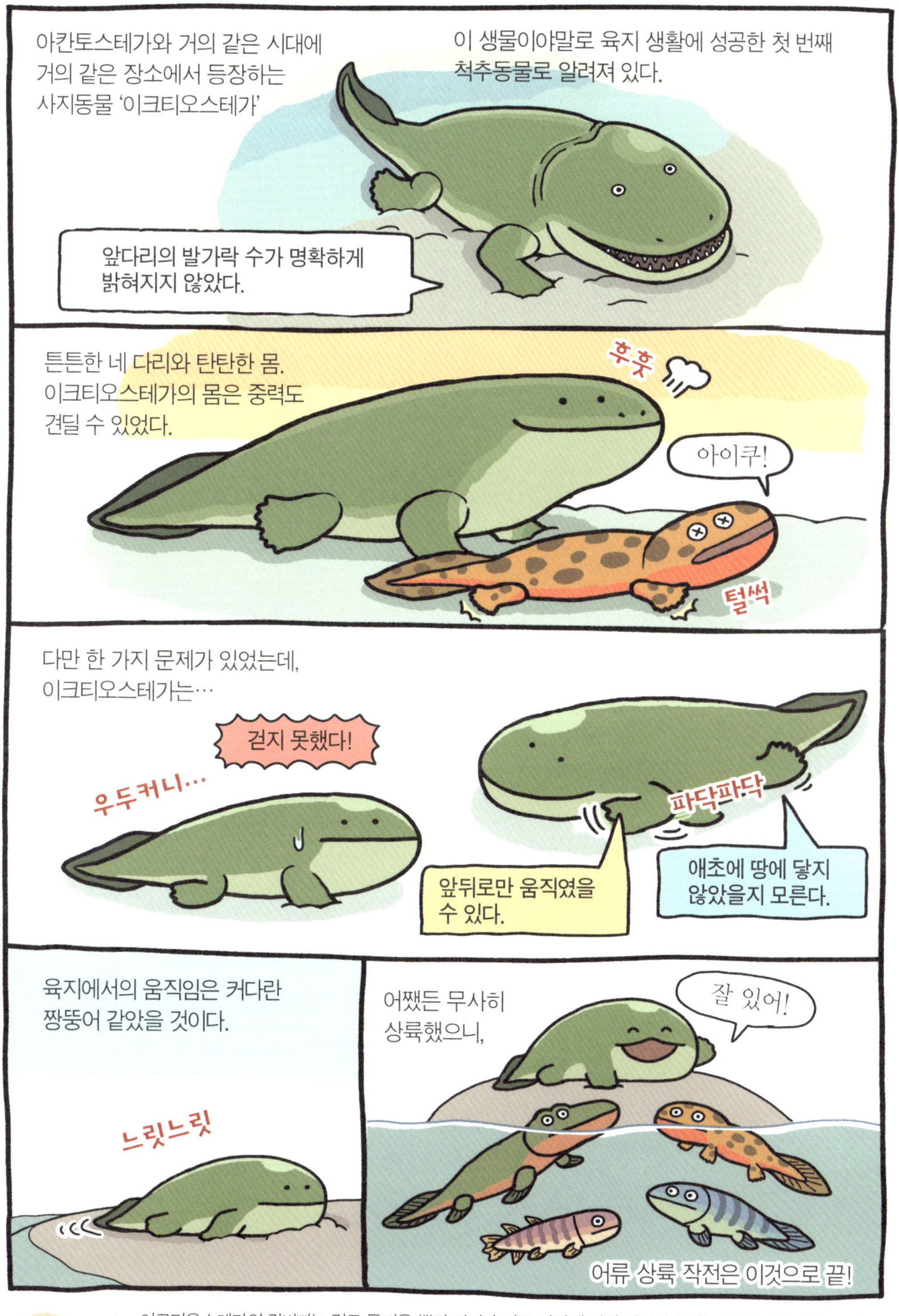

아칸토스테가와 거의 같은 시대에 거의 같은 장소에서 등장하는 사지동물 '이크티오스테가'

이 생물이야말로 육지 생활에 성공한 첫 번째 척추동물로 알려져 있다.

앞다리의 발가락 수가 명확하게 밝혀지지 않았다.

튼튼한 네 다리와 탄탄한 몸. 이크티오스테가의 몸은 중력도 견딜 수 있었다.

후훗

아이쿠!

털썩

다만 한 가지 문제가 있었는데, 이크티오스테가는…

걷지 못했다!

우두커니…

파닥파닥

앞뒤로만 움직였을 수 있다.

애초에 땅에 닿지 않았을지 모른다.

육지에서의 움직임은 커다란 짱뚱어 같았을 것이다.

느릿느릿

어쨌든 무사히 상륙했으니,

잘 있어!

어류 상륙 작전은 이것으로 끝!

이크티오스테가의 갈비뼈는 길고 두꺼울 뿐만 아니라 서로 가깝게 겹쳐 있어서, 몸을 지탱하거나 중력으로부터 내장을 보호하는 역할을 했을 것이다. 갈비뼈가 매우 단단했기 때문에 다른 물고기처럼 양옆으로 몸을 구부리는 움직임은 불가능했을 것이다.

> 궁금해! 고생물 칼럼
>
> **네 번째**

갯벌의 미스터리 의문의 발자국

이크티오스테가의 상륙보다 먼저였던 '의문의 발자국'

척추동물 중 육지 생활에 성공한 첫 번째 생물로 유명한 이크티오스테가.
하지만 이크티오스테가는 '최초 상륙'이라는 수식어를 빼앗기게 될지도 모른다.
이크티오스테가가 살았던 시대 이전에, '어류 상륙 작전'의 도전자인 유스테놉테론보다도 앞선 시대의 지층에서 '가장 오래된 발자국' 화석이 발견되었기 때문이다.
2010년 폴란드 바르샤바대학교의 고생물학자 그제고시 니에즈비즈키가 이끄는 연구팀이 폴란드 남동부의 시비엥토크시스키에산맥 북부 지역에서 여러 마리의 발자국을 발견했다.
이것이 문제의 '의문의 발자국'이다.

이크티오스테가
데본기의 사지동물.
몸길이는 거의 1m.
튼튼한 갈비뼈를 갖고 있었기 때문에 움직임이 둔했을 것으로 여겨진다.

레이저 스캔 방법으로 컴퓨터에서 다시 구현된 발자국 화석. 오른쪽 발자국 화석과는 다른 화석이지만 같은 장소에서 발견된 것이다. 적어도 5개의 발가락 흔적을 확인할 수 있다.

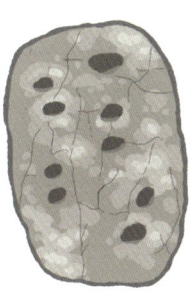
폴란드에서 발견된 발자국 화석. 이 발자국의 주인은 몸을 비틀며 지그재그로 걸었던 것으로 보인다.

갯벌에 남겨진 발자국이 이야기의 열쇠를 쥐고 있다.

큰 화석은 폭이 26cm로 꽤 크고, 발가락 흔적을 뚜렷하게 확인할 수 있는 경우도 있었다고 한다.
또한 세계에서 가장 오래된 이 발자국 화석은 갯벌에서 발견되었다. 이크티오스테가와 거의 같은 시기, 거의 같은 장소에서 발견된 아칸토스테가는 담수인 강에서 서식했던 것이 확인되었지만, 갯벌에 남겨진 발자국을 통해서 바다에서 땅으로 올라온 생물도 존재했을 가능성이 확인된 셈이다.
하지만 발견된 것은 발자국뿐이며 다른 화석은 아직 발견되지 않았다.
지금 단계에서는 수수께끼를 풀 수 있는 단서가 적지만, 어쩌면 새로운 '어류 상륙 작전' 이야기를 써야 할 날이 올지도 모른다.

아크모니스티온

[학명] Akmonistion
[분류] 연골어류
[시대] 석탄기
[식성] 육식
[크기] 약 60cm

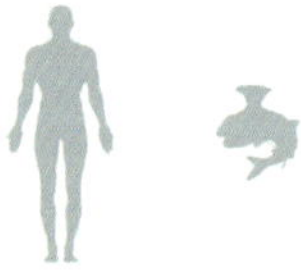

데본기가 끝나고 석탄기가 시작되자 화려한 전성기를 누리던 판피류는 모습을 감췄다. 이번에는 상어·종류(연골어류)의 활약이 시작된다.

팔카투스

하파고푸투터

반드링가

'상어의 시대'를 살았던 조금 특이한 상어를 소개한다.

몸길이 60cm 정도의 '아크모니스티온'

특히 눈길을 끄는 것은 이 부분

등지느러미 끝은 널따란 작업대같이 변했고, 그 위에는 작은 가시가 촘촘하게 자라 있었다.

빼곡

이것이 나의 미래 모습인가?

우리는 납작 머리 동지

이 우락부락한 등지느러미는 다 자란 수컷에게만 있었다고 여겨진다. 방어 수단으로 사용했는지 구애할 때 매력을 뽐냈는지 정답은… 전혀 알 수가 없다.

♂

♀

파팍

공격!

결혼해 주세요!

퍽

으윽…

 아크모니스티온의 '가시가 촘촘한 등지느러미'는 수컷만의 특징으로 추측된다. 사실 암컷의 화석은 발견되지 않아서 등지느러미 모습을 확인할 수 없다. 그래서 아크모니스티온의 '성별 외모 차이'는 아직 잘 모르는 상태다.

궁금해! 고생물 칼럼
다섯 번째

모여라! 석탄기 상어

석탄기는 상어의 시대

석탄기가 시작되자 데본기에 크게 번성했던 판피류가 모습을 감추고 상어류의 시대가 열렸다. 그중에는 특이한 돌기를 가진 아크티모스티온처럼 독특한 종류도 있었다.

'팔카투스'는 두 마리가 서로 몸을 기댄 자세의 화석이 발견된 것으로 유명하다. 그것도 한 마리는 직각으로 꺾인 희한한 뿔을 갖고 있었다. 뿔을 가진 개체는 수컷이며 두 마리는 부부였을 것으로 짐작된다.

'하파고푸투터'라는 상어 종류도 수컷만 두 개의 긴 가시를 갖고 있었다. 하지만 이러한 사례처럼 화석만으로 수컷과 암컷의 차이를 분명하게 알 수 있는 경우는 매우 드물다.

팔카투스
석탄기의 연골어류.
몸길이는 30cm 정도. 머리에 뿔이 자란 것은 수컷 중에서도 다 자란 성체였을 것으로 추측된다.

하파고푸투터
석탄기의 연골어류.
몸길이는 약 12cm. 가시가 없는 암컷 화석 중에는 뱃속에 태아가 들어 있는 것도 발견되었다.

벨란트세아
석탄기의 연골어류.
몸길이는 60cm 정도.
입 주변은 큰 비늘로
덮여 있다. 딱딱한 먹이를
조금씩 갉아먹었다.

다양했던 석탄기 상어

'벨란트세아'는 거대한 가슴지느러미를 가진 개성적인 외모의 상어 종류다. 상어 종류답게 먹이를 깨물어 부수는 날카로운 이빨을 가졌다.

'반드링가'라는 상어 종류는 몸은 10cm 정도였지만 코는 4cm로 길쭉했다. 이 코는 진흙 속에서 먹이를 찾아내는 레이더 역할을 했다고 여겨진다. 반드링가는 다 자라면 바다에서 강으로 이동했다.

둔클레오스테우스처럼 흉포한 대형 판피류가 사라진 것도 눈 깜짝할 사이의 일이었다. 상어 종류가 곧바로 나타났기 때문에 사냥의 표적이 된 바다 생물들은 한시도 편히 쉴 수 없었을 것이다.

반드링가
석탄기의 연골어류. 몸길이는 10cm.
다 자라면 강으로 이동하여 살다가
알을 낳을 때 바다로
돌아왔던 것으로 추측된다.

페데르페스

육지에서의 첫 산책

뒷다리에는 적어도 5개의 두꺼운 발가락이 있었다.

걸을 때 발가락이 앞을 향한다.

[학명] Pederpes
[분류] 사지동물
[시대] 석탄기
[식성] 육식
[크기] 약 1m

걷기가 제일 좋아.

 페데르페스의 화석은 스코틀랜드에 있는 석탄기 초기 지층에서 발견되어 어류 화석으로서 영국 박물관에 보관되었다. 페데르페스의 발가락은 오늘날의 도마뱀과 마찬가지로 네 번째가 제일 길다는 특징이 있다. 이 특징 덕분에 땅을 제대로 차면서 걸을 수 있었다.

물로 돌아간 사지동물

가슴지느러미 속에 팔 구조의 뼈가 있다.

크라시지리누스

[학명] Crassigyrinus
[분류] 사지동물
[시대] 석탄기
[식성] 육식
[크기] 약 2m

고향에 돌아가 은혜를 갚고 싶어요…!

뱀보다 먼저
뱀처럼 보였던 생물

완전한 화석이 발견되지 않았기 때문에 전체 길이는 정확하지 않다.

머리의 크기는 3cm

레티스쿠스

[학명] Lethiscus
[분류] 양서류
[시대] 석탄기
[식성] 불명
[크기] 머리 크기 약 3cm
 (전체 크기는 불명)

웃어른은 존경해야지.

레티스쿠스와 뱀처럼 다른 분류 그룹의 생물이 진화한 결과 외형이 비슷한 것을 '수렴진화'라고 부른다. 오늘날의 무족영원(사지가 없는 양서류)도 레티스쿠스와 마찬가지로 팔다리가 퇴화된 양서류다(모습은 비슷하지만 직접적인 조상은 아니다).

머리가 부메랑이 되었다!?

머리도 몸도 매우 납작하다.

부메랑처럼 생긴 머리의 폭은 40cm

디플로카울루스

[학명] Diplocaulus
[분류] 양서류
[시대] 페름기
[식성] 육식
[크기] 약 1m

'너부데데한 얼굴'이 제 매력이에요.

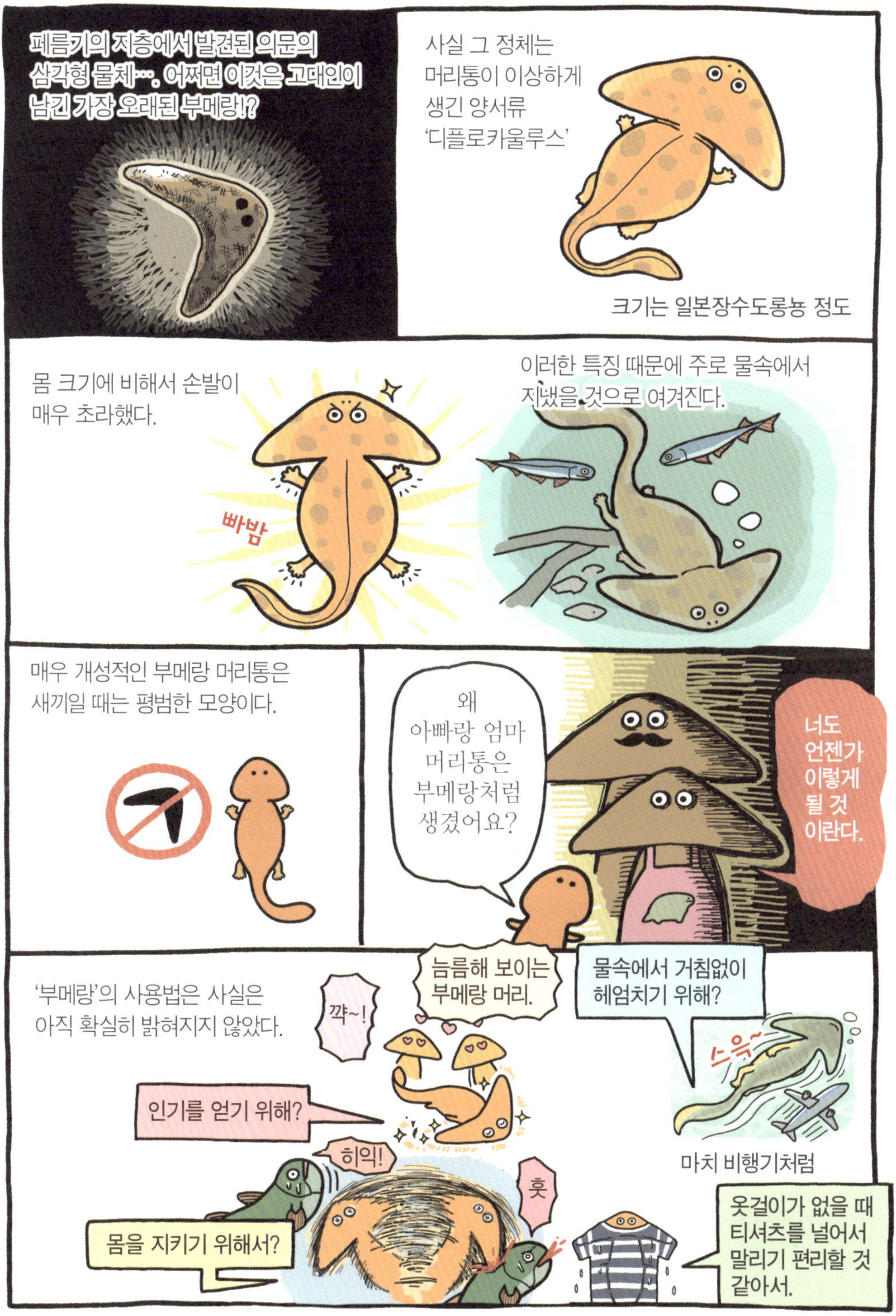

디플로카울루스는 몸의 두께가 얇았던 점도 큰 특징으로 꼽을 수 있다. 디플로카울루스의 화석은 유속이 빠른 강이었던 것으로 보이는 장소에서 발견되었는데, 납작한 몸은 그러한 장소에서 활동하기 쉬운 구조였을 것이다.

디아덱테스

> 육식은 이제 그만

> 초식성의 육지 척추동물로는 가장 오래된 존재.

[학명] Diadectes
[분류] 양서류
[시대] 석탄기
[식성] 초식
[크기] 약 3m

> 이제 못 먹는답니다.

몸길이 약 3m에 달하는 묵직한 체급의
양서류 '디아덱테스'
육지 척추동물로는 가장 오래된
원조 채식주의자이다.

디아덱테스의 이빨은 초식을 하기에 적합하다.

연필처럼 생긴 이빨

갈퀴처럼 사용해서 식물을 먹었다.

싹싹

커다란 몸통에는 식물을 소화하기 위한 길고 긴 창자가 가득했을 것이다.

가득

※ 소의 장 길이는 최대 약 60m라고 한다.

석탄기는 식물이 지상에서 번성하여 대밀림이 형성되었던 시대. 오늘날 '석탄'으로 이용되는 이 대밀림의 화석은 석탄기라는 이름의 유래가 되었다.

디아덱테스를 비롯한 초식성 동물에게 석탄기라는 시대는 강력한 육식동물만 없으면 마음껏 먹고 즐길 수 있는 낙원이었을 것이다.

먹어도 먹어도 없어지지 않아요!

오물오물

평화가 최고야!

냠냠

디아덱테스는 양서류와 파충류의 특징을 모두 갖고 있었다. 현재는 양서류로 분류되지만, 이 분류는 편의에 따른 임시방편일 뿐 정확하게 결정된 것은 아니다. 디아덱테스의 화석은 미국 서부와 독일에서 발견되었다.

정체불명의 몬스터

집게 속에는 이빨 같은 돌기가 자라있다.

툴리몬스트룸

[학명] Tullimonstrum
[분류] 불명
[시대] 석탄기
[식성] 불명
[크기] 약 40cm

내가 이상하게 생겼나요?

파충류의 등장

시길라리아(봉인목)라는 나무

몸 크기는 30cm 정도이며, 오늘날의 도마뱀과 많이 닮았다.

힐로노무스

[학명] Hylonomus
[분류] 파충류
[시대] 석탄기
[식성] 곤충
[크기] 약 30cm

왜 나는 또 이 나무 위에 올라와 있지?

30cm 정도의 크기로 생김새는 오늘날의 도마뱀 비슷한 '힐로노무스' 이 생물은 이크티오스테가, 페데르페스와 달리 파충류다.

현대의 척추동물 중 절반 이상이 석탄기에 태어났다.

파충류
어류 양서류
아직 이야? 지루해.
조류 포유류

물이 가까워야 하는 라이프스타일의 양서류와 달리

양서류

파충류

육지에서 태어나 육지에서 사는 파충류는 완벽한 육상 진출에 성공한 최초의 척추동물이다.

힐로노무스를 설명할 때 빼놓을 수 없는 것이 바로 이 나무. '시길라리아'라는 이름의 나무로 이 나무 속에서 힐로노무스의 화석이 발견되었기 때문에 자연스럽게 힐로노무스의 짝꿍처럼 다뤄지는 존재다.

30m

좋아하는 장소라서 둥지로 삼았던 것인지 혹은 어쩌다 떨어져서 죽게 된 것인지 진실은 힐로노무스만 알고 있다. 혹시 우연한 '실수'였다면 힐로노무스에게 이 나무와 얽힌 인연은 평생 잊히지 않을 흑역사일 것이다.

 힐로노무스의 남겨진 화석에서 머리통부터 뒤쪽으로 이어지는 골격이 파충류의 골격 특징과 일치하기 때문에 파충류로 분류되었다. 한편 시길라리아는 내부가 썩기 쉬운 식물이다. 안쪽부터 썩으면서 빈 공간이 생기므로, 힐로노무스가 그 안에서 살 수 있었을 것으로 보인다.

궁금해! 고생물 칼럼

여섯 번째

식물도 고생물

시작은 초록색 없는 황야였다.

생물이 태어나기 시작할 무렵의 육지는 대부분 황야였다. 오르도비스기에는 물가에 우산이끼 종류가 살았지만 어떤 모습이었는지는 정확하게 알 수 없다. 분명한 형태를 확인할 수 있는 '식물'은 실루리아기부터 나타났다. 가장 오래된 육상 식물 중에 '쿡소니아'가 있다. 하지만 육상 식물이라고 해도 건조함을 견딜 방법이 없었기 때문에 물에서 멀어질 수 없었다.

데본기에 이르자 식물들이 진화에 성공하면서 육지로 널리 퍼져 나갔다. '관다발'이 생긴 덕분에 체내에서 물을 순환시켜 땅 위에서도 몸을 지탱할 수 있게 된 것이다. 관다발을 가진 가장 오래된 식물인 '리니아'와 관다발뿐 아니라 잎까지 자랐던 '아스테록실론'이라는 식물이 나타났다.

데본기 중반 무렵이 되자 높이 12m까지 성장하는 '아르카이옵테리스'라는 나

쿡소니아
실루리아기의 리니아 식물. 높이는 수cm 이내. 끝에는 '포자낭(홀씨주머니)'이라는 주머니가 달려 있고, 그 속에 있는 포자로 번식했다.

아스테록실론
데본기의 석송류. 높이 40cm, 줄기의 지름은 1.2cm 정도. 어류의 비늘처럼 작은 잎이 줄기 표면을 덮고 있다.

무도 등장했다. 밀림이 생기기 시작하면서 식물들은 석탄기에 크게 번성했다.

석탄기에 태어난 식물 중에서 유명한 것은 '레피도덴드론(인목)', '시길라리아(봉인목)', '칼라미테스(노목)'라는 세 종류이다. 모두 높이 10m를 넘는 거대한 나무로 레피도덴드론은 40m까지 자랐다. 거대한 나무들이 석탄기의 대지를 뒤덮었다.

오랜 시간이 흐르면서 식물은 화석이 되고, 석탄이 되었다. 이 시대의 지층에서 석탄이 많이 발견된다고 하여 석탄기라는 이름이 붙여졌다. 옛날 옛적에 살았던 식물들도 설마 자신의 화석이 연료가 되어 인간의 산업에 힘을 보탤 줄은 꿈에도 생각지 못했을 것이다.

레피도덴드론
석탄기의 양치식물류. 높이는 40m, 밑동의 두께는 2m에 달했다. 줄기의 표면이 가지런히 돋은 물고기 비늘처럼 보여서 '인목'이라고도 불린다.

에리옵스

사상 최강의 양서류

강력한 육체

날카로운 이빨

[학명] Eryops
[분류] 양서류
[시대] 페름기
[식성] 육식
[크기] 약 2.5m

내 말 안 들으면 잡아먹어 버린다?

에리옵스는 입 가장자리에 자란 이빨 이외에 입 안쪽에도 '구개치'라는 이빨이 빼곡하게 자랐다. 입 가장자리의 이빨과 구개치라는 두 종류의 이빨 덕분에 미끄러운 먹잇감도 능숙하게 사냥해서 입으로 집어넣을 수 있었다.

게로바트라쿠스

현대로 이어지는 양서류

- 게로바트라쿠스라는 이름은 '개구리 영감'이라는 의미
- 작은 꼬리
- 도롱뇽 같은 다리
- 개구리 같은 얼굴

[학명] Gerobatrachus
[분류] 양서류
[시대] 페름기
[식성] 곤충
[크기] 약 11cm

가늘고 길게 살고 싶어요.

양서류 전성기를 장식한 생물은 바로 '게로바트라쿠스' 머리는 개구리처럼 생겼는데, 약간 몸통이 긴 체형이며 꼬리가 달린 신기한 외모의 양서류다.

현대 양서류는 세 가지 그룹으로 나뉘는데, 게로바트라쿠스는 개구리 종류와 도롱뇽 종류의 공통 조상으로 여겨진다.

지금까지 다양한 양서류 고생물을 소개했는데, 모두 현대까지 이어지는 자손을 남기지는 못했다.

*오늘날 파충류는 있지만 '공룡'은 존재하지 않는 것과 같은 이야기

고생대의 양서류라고 하면 우락부락한 생물의 이미지가 있는데

몸길이 10cm 언저리의 '조그마한 녀석'에게 오늘날까지 이어지는 양서류의 미래가 맡겨졌던 것이다.

 게로바트라쿠스의 머리뼈 형태는 개구리 종류와 비슷하고, 발 모양은 도롱뇽 종류와 매우 비슷하다. 한편 등뼈의 수는 개구리 종류와 도롱뇽 종류 사이. 개구리처럼 뛰어오르지는 못 했고, 돌진해서 먹이를 사냥했을 것이다.

파충류 물로 돌아가다

메소사우루스

[학명] Mesosaurus
[분류] 파충류
[시대] 페름기
[식성] 육식(절지동물과 어류)
[크기] 약 1m

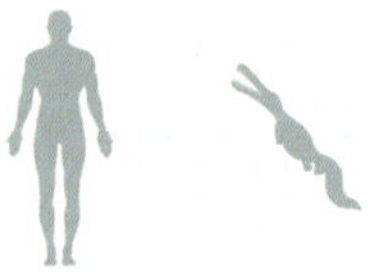

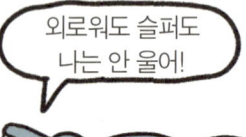

파충류 하늘을 날다

부드럽고 자유롭게 움직일 수 있었던 꼬리. 비행할 때 꼬리로 균형을 잡았을 것이다.

접이식 날개

코엘루로사우라부스

[학명] Coelurosauravus
[분류] 파충류
[시대] 페름기
[식성] 곤충
[크기] 약 60cm

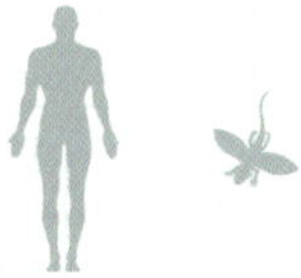

쌩쌩!

뒷머리 부분에 가시가 근사하게 자란 파충류 '코엘루로사우라부스'. 이 파충류는 보통 파충류가 아니다. 무려 '날개'가 있었다.

이 날개로 하늘다람쥐처럼 활강해서 하늘을 날 수 있었다.

코엘루로사우라부스는 척추동물 중에서 처음으로 하늘을 날았던 존재인데, 사람으로 말하면 라이트 형제와 같다고 할 수 있다.

신난다!

'생물 전체를 통틀어서'라면 곤충이 1등이지!

이 '날개'에는 커다란 미스터리가 있다. 코엘루로사우라부스의 날개는 넓게 벌어진 '갈비뼈' 사이에 피부막이 펼쳐진 것처럼 보인다.

— 갈비뼈
— 척추

※ 오늘날의 날도마뱀 날개 구조

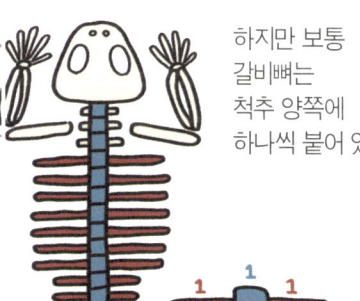

하지만 보통 갈비뼈는 척추 양쪽에 하나씩 붙어 있다.

코엘루로사우라부스의 척추 마디는 가슴부터 허리까지 13개인데 '날개' 뼈는 양쪽에 최소 22개씩 있었다.

— 척추
— ???

즉 갈비뼈가 아니라 보통 생물에게는 존재하지 않는 '의문의 뼈'를 이용해서 하늘을 날았던 것이다.

날 수 있다면 이런들 어떻고 저런들 어때?

 하늘을 날 수 있는 파충류 동물은 코엘루로사우라부스 이후에도 나타났지만, 코엘루로사우라부스와 똑같은 뼈 구조를 가진 생물은 없었다. 코엘루로사우라부스의 날개는 비행에 이용되었을 뿐 아니라, 햇볕을 쬐는 면적이 넓어서 빠르게 몸을 데울 수 있었다는 가설도 있다.

의문이 소용돌이치는 이빨 화석

소용돌이 모양으로 자란 이빨의 개수는 100개가 넘는다.

헬리코프리온

[학명] Helicoprion
[분류] 연골어류
[시대] 페름기
[식성] 육식
[크기] 불명

익숙해지면 꽤 편리하답니다.

지름 23cm의 소용돌이 모양의 화석. 암모나이트와 비슷한 생물인 줄 알았는데, 뜻밖에도 '헬리코프리온'이라는 생물의 '이빨'이었다.

특이한 '이빨' 모양 때문에 헬리코프리온이 연골어류(상어, 가오리, 은상어)에 속한다는 사실까지는 확인되었지만, 연골인 몸체는 화석으로 남지 않았다. 남은 것은 오로지 '이빨'뿐. 중요한 본체의 모습은 미확인 상태였다.

헬리코프리온의 복원은 정곡을 찌르는 정답이 나오지 않은 채로 100년 이상의 시간이 흐르면서 TV쇼에 소개될 법한 괴상한 모습의 상어로 계속 그려졌다.

이건 이빨도 아니잖아!

최신 연구에서 화석을 CT 스캔한 결과 위턱과 아래턱이 확인되었다.

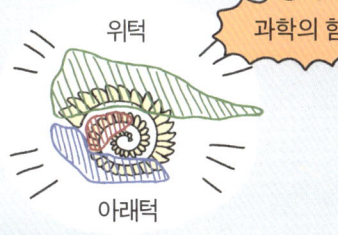

위턱
과학의 힘!
아래턱

2013년에 발표된 최신 헬리코프리온은 바로 이 모습

소용돌이 모양의 이빨은 두족류 생물을 잡아먹는 데 도움이 되었을지도 모른다.

으악!
냠냠쩝쩝

몸이 화석 파편으로라도 남아 있었다면 100년씩이나 먼 길을 돌아오지 않았을 것이다.

죄송합니다. 뼈가 부드러워서요.

야속한 헬리코프리온

헬리코프리온의 위턱 관절이 은상어 종류와 같은 구조였다는 사실이 CT 스캔을 통해 확인됐다. 연골어류임이 밝혀진 후 1세기 이상 자세한 내용을 알 수 없었지만, 이를 계기로 전두류(은상어 종류)로 분류할 수 있게 되었다.

디메트로돈

공룡이 아니올시다

돛 구조의 뼈 속에는 빈 공간이 있어서 혈관이 지났던 자리로 추정된다.

양서류도 아니고 파충류도 아닌 '단궁류'라는 새로운 생물

[학명] Dimetrodon
[분류] 단궁류
[시대] 페름기
[식성] 육식
[크기] 약 3.5m(커다란 개체)

따끈따끈한 햇볕은 기분이 좋아!

디메트로돈
vs
에리옵스

몸은 최대 3.5m이고, 육식을 하며 튼튼한 턱을 가졌다.

페름기 전반기의 최강 생물로서 한자리를 차지했던 '디메트로돈'

생김새는 마치 공룡과 비슷하지만 디메트로돈은 공룡이 아니다.

스피노사우루스 (공룡)

디메트로돈 (공룡 아님)

'공룡'이라고 하면 잔소리를 들을 수 있으니 조심!

응? 지금 디메트로돈을 공룡이라고 말한 거야? 고생물 입문자는 쉽게 착각하기 쉬운데, 내가 알려 줄게. 애초에 디메트로돈은 파충류도 아니고, 공룡이 등장한 것은 훨씬 나중이야.

디메트로돈은 파충류도 아니고 양서류도 아닌 '단궁류'인데 '단궁류'에는 포유류도 포함된다.

물고기 → 양서류 → 단궁류 → 포유류
양서류 → 파충류 → 조류

등 가운데에 솟은 '돛'은 햇빛을 받아서 몸을 따뜻하게 데우는 '체온 조절 역할'을 했을 것으로 여겨진다.

꽁꽁 얼어붙은 이른 아침에 사냥하기 유리했다.

혈관
따뜻하다~.
따끈 따끈
콰직
너무 추워서 못 움직이겠어.
맛있다!

디메트로돈이 야행성 동물이었다는 가설도 있어서, '돛'의 정체를 찾는 여행이 순풍을 만났다고는 할 수 없다.

 단궁류의 눈구멍(안와) 뒤쪽에는 측두창이라는 구멍이 한 개씩 뚫려 있다. 구멍이 두 개씩 뚫린 경우 '이궁류'라고 부른다. 포유류는 단궁류, 파충류는 이궁류에 속한다. 공룡은 '다리가 쭉 뻗은 파충류'로 몸 구조 역시 디메트로돈과 다른 생물인 것을 알 수 있다.

코틸로린쿠스

[학명] Cotylorhynchus
[분류] 단궁류
[시대] 페름기
[식성] 초식
[크기] 약 3.5m

고생대 최강의
육지 폭군

길이 13cm 이상의 길쭉한 엄니

이노스트란케비아

[학명] Inostrancevia
[분류] 수궁류
[시대] 페름기
[식성] 육식
[크기] 약 3.5m

아얏…!
혀 깨물었어!

이노스트란케비아와 같은 긴 엄니(송곳니)를 가진 수궁류는 '고르고놉스류'라는 그룹으로 분류된다. 전형적인 고르고놉스류 생물의 크기가 1m 정도이기 때문에 3.5m 이상으로 추정되는 이노스트란케비아는 '최대급 고르고놉스류'로 알려져 있다.

영원토록 함께

- 초식성 생물
- 다리가 짧아서 닥스훈트와 비슷한 외모
- 디익토돈끼리 사이좋게 몸을 맞대고 잠들었다.

디익토돈

[학명] Diictodon
[분류] 수궁류
[시대] 페름기
[식성] 초식
[크기] 약 45cm

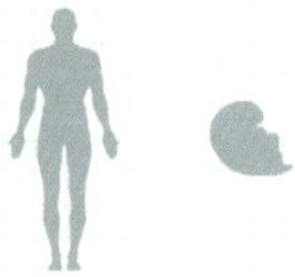

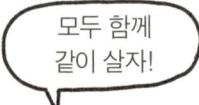
모두 함께 같이 살자!

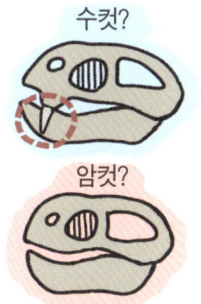

제3장 독특한 특징을 가진 고생물

킴베렐라
오돈토그리푸스
넥토카리스
카메로케라스
아네토케라스
파라스피리퍼
암모니크리누스

3

궁금해! 고생물 칼럼

일곱 번째

누구도 닮지 않았다

지금의 상식은 에디아카라기에서는 비상식

고생대가 시작되기 전 에디아카라기.
이 시대 생물의 특징을 간단하게 설명하면 '현대의 상식이 통하지 않는다'라고 할 수 있다.
지금 지구에 살고 있는 생물의 대부분은 오른손이 있으면 왼손이 있고, 오른발이 있으면 왼발이 있듯이 '좌우 대칭'의 몸을 갖고 있지만, 에디아카라기의 생물에게는 이 구조가 당연하지 않은 경우가 있다.
예를 들어 '디킨소니아'라는 생물은 자세히 보면 몸의 마디가 미묘하게 어긋나 있다. 이러한 몸 구조는 현대의 생물만이 아니라 캄브리아기 이후의 어떤 생물에서도 볼 수 없는 특징이다. 소용돌이 태극 문양처럼 생긴 '트리브라키

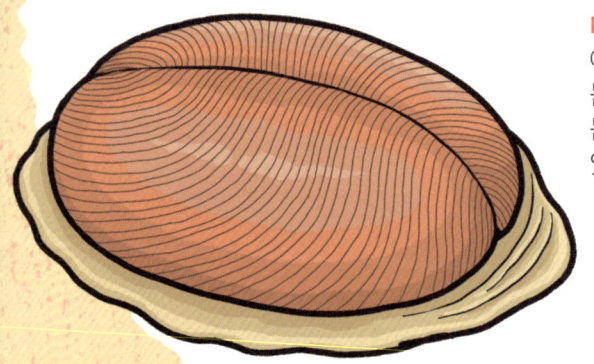

디킨소니아
에디아카라기의 분류 불명의 생물.
몸길이는 80cm 정도.
몸속은 빈 공간이며 부풀어
있었을 것으로 추측된다.

트리브라키디움
에디아카라기의 분류 불명의 생물.
몸 크기는 지름 5cm 정도. 화석은
러시아와 오스트리아에서 발견되었고,
한때 번성했던 생물로 여겨진다.

디움'은 120°마다 같은 구조가 뒤집혀서 반복되는 '삼중 대칭'의 생김새인데, 디킨소니아와 마찬가지로 캄브리아기 이후 생물에게는 보이지 않는 구조다. 하나같이 신기하고 이상한 에디아카라기의 생물은 많은 종류가 발견되어 270종 이상이나 된다. 심지어 대부분은 긴 지구의 역사와 비교하면 찰나의 순간인 1,000만 년 동안 나타났다가 사라졌다.

마치 폭발한 것처럼 짧은 시간에 많은 생물이 등장했기 때문에 이 현상을 화석의 산지와 연관지어 '아발론 폭발'이라고 부른다.

하지만 에디아카라기 생물의 대부분은 한참 전에 멸종해 버렸기 때문에 아발론 폭발을 '실패로 끝난 실험'이라고 말하기도 한다.

몸의 앞뒤는 물론 분류도 아리송한 생물들에게 에디아카라기의 바다는 최후의 '낙원'이었을지도 모른다.

킴베렐라
에디아카라기의 연체동물로 보이는 생물.
몸길이는 15cm 정도. 화석 숫자가 많아서
에디아카라기의 생물 중에서는
어느 정도 연구가 진행되어 있다.

알쏭달쏭하지만 약간 알게 된 생물

부채 모양의 '긁은 자국'이 화석에 남아 있다.

해저 유기물을 모아서 먹었다.

기어간 흔적의 화석을 통해 뒤쪽으로 이동하면서 먹이를 먹었던 것을 알 수 있다.

킴베렐라

[학명] Kimberella
[분류] 연체동물
[시대] 에디아카라기
[식성] 유기물
[크기] 약 15cm

에디아카라기 친구들끼리 동창회라도 해야겠네.

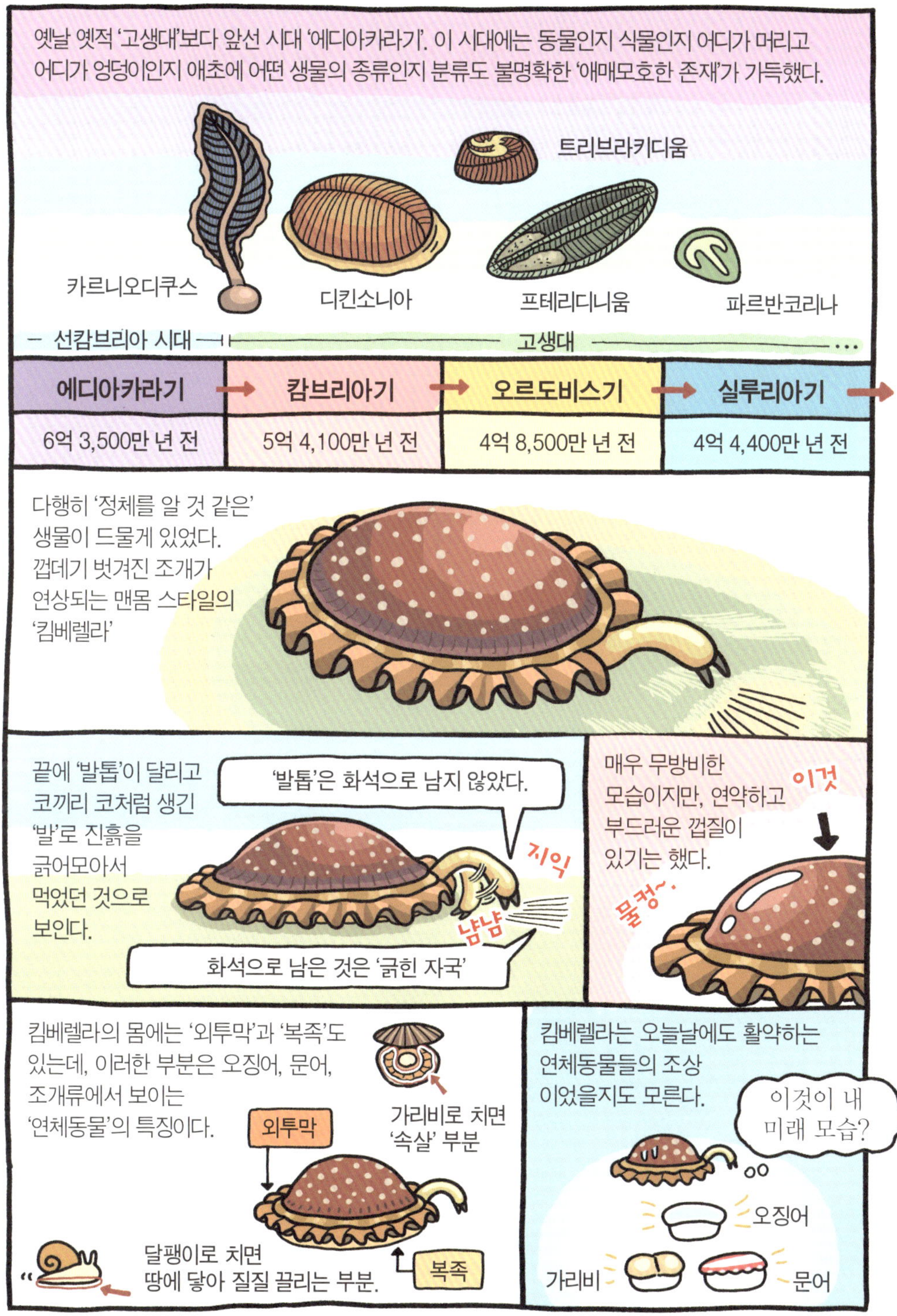

옛날 옛적 '고생대'보다 앞선 시대 '에디아카라기'. 이 시대에는 동물인지 식물인지 어디가 머리고 어디가 엉덩이인지 애초에 어떤 생물의 종류인지 분류도 불명확한 '애매모호한 존재'가 가득했다.

- 카르니오디스쿠스
- 디킨소니아
- 트리브라키디움
- 프테리디니움
- 파르반코리나

— 선캄브리아 시대 — | ———————— 고생대 ————————— ...

에디아카라기	캄브리아기	오르도비스기	실루리아기
6억 3,500만 년 전	5억 4,100만 년 전	4억 8,500만 년 전	4억 4,400만 년 전

다행히 '정체를 알 것 같은' 생물이 드물게 있었다. 껍데기 벗겨진 조개가 연상되는 맨몸 스타일의 '킴베렐라'.

끝에 '발톱'이 달리고 코끼리 코처럼 생긴 '발'로 진흙을 긁어모아서 먹었던 것으로 보인다.

'발톱'은 화석으로 남지 않았다.

화석으로 남은 것은 '긁힌 자국'.

매우 무방비한 모습이지만, 연약하고 부드러운 껍질이 있기는 했다.

이것 ↓

킴베렐라의 몸에는 '외투막'과 '복족'도 있는데, 이러한 부분은 오징어, 문어, 조개류에서 보이는 '연체동물'의 특징이다.

가리비로 치면 '속살' 부분

외투막

달팽이로 치면 땅에 닿아 질질 끌리는 부분.

복족

킴베렐라는 오늘날에도 활약하는 연체동물들의 조상이었을지도 모른다.

이것이 내 미래 모습?

오징어 / 가리비 / 문어

러시아와 오스트레일리아, 특히 러시아의 백해에서 많은 킴베렐라 화석이 발견되었다. 화석 숫자가 많은 덕분에 에디아카라기의 생물 중에서도 가장 연구가 많이 진행된 생물 중 하나이다.

오돈토그리푸스

[학명] Odontogriphus
[분류] 연체동물
[시대] 캄브리아기
[식성] 남세균 등
[크기] 약 12.5cm

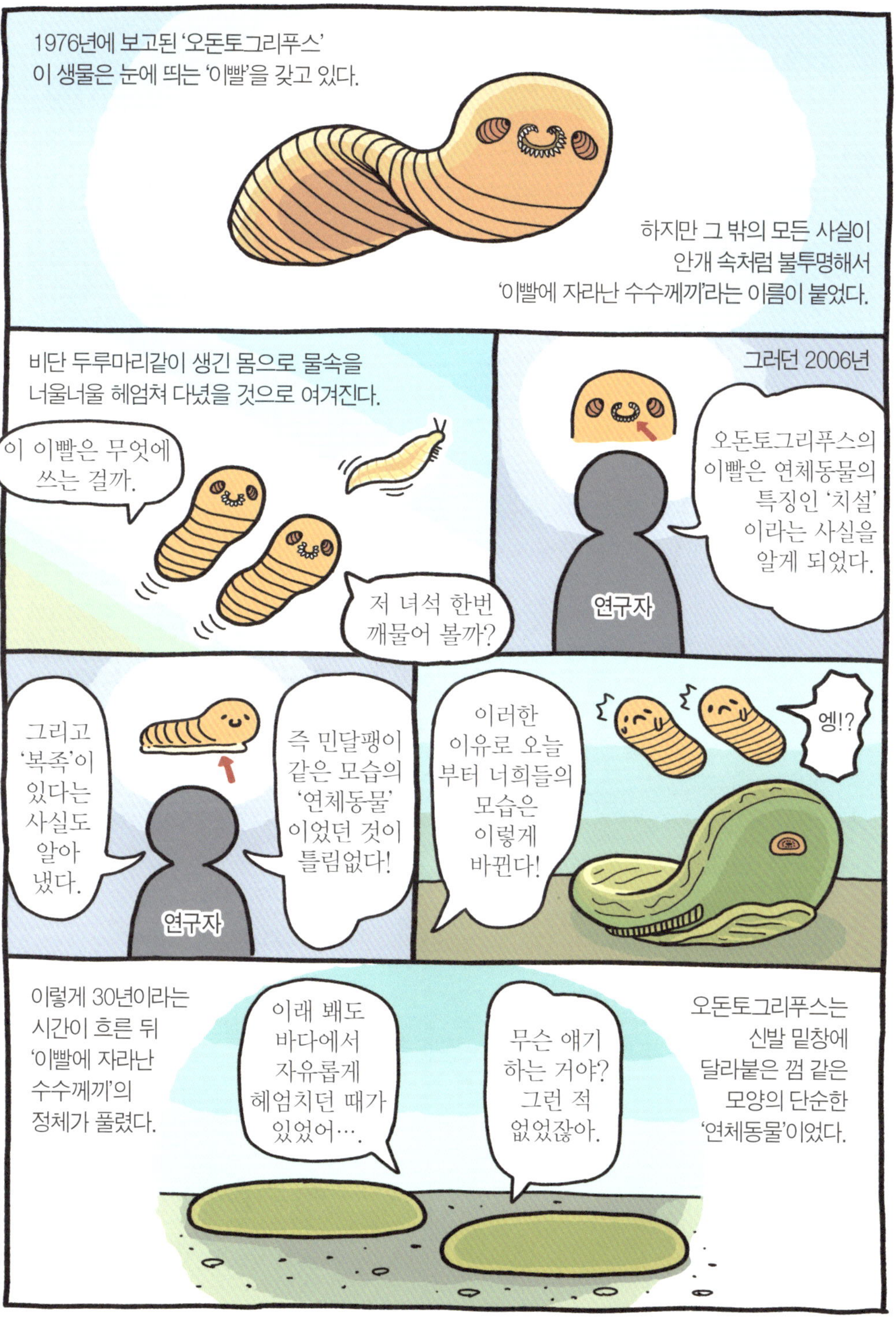

알고 보니 오징어?

1976년의 복원도

2010년의 복원도

커다란 '누두'

마디가 없는 두 개의 촉수

넥토카리스

[학명] Nectocaris
[분류] 두족류
[시대] 캄브리아기
[식성] 육식
[크기] 7cm

모습이 바뀌었는데…
아무러면 어떠냐.

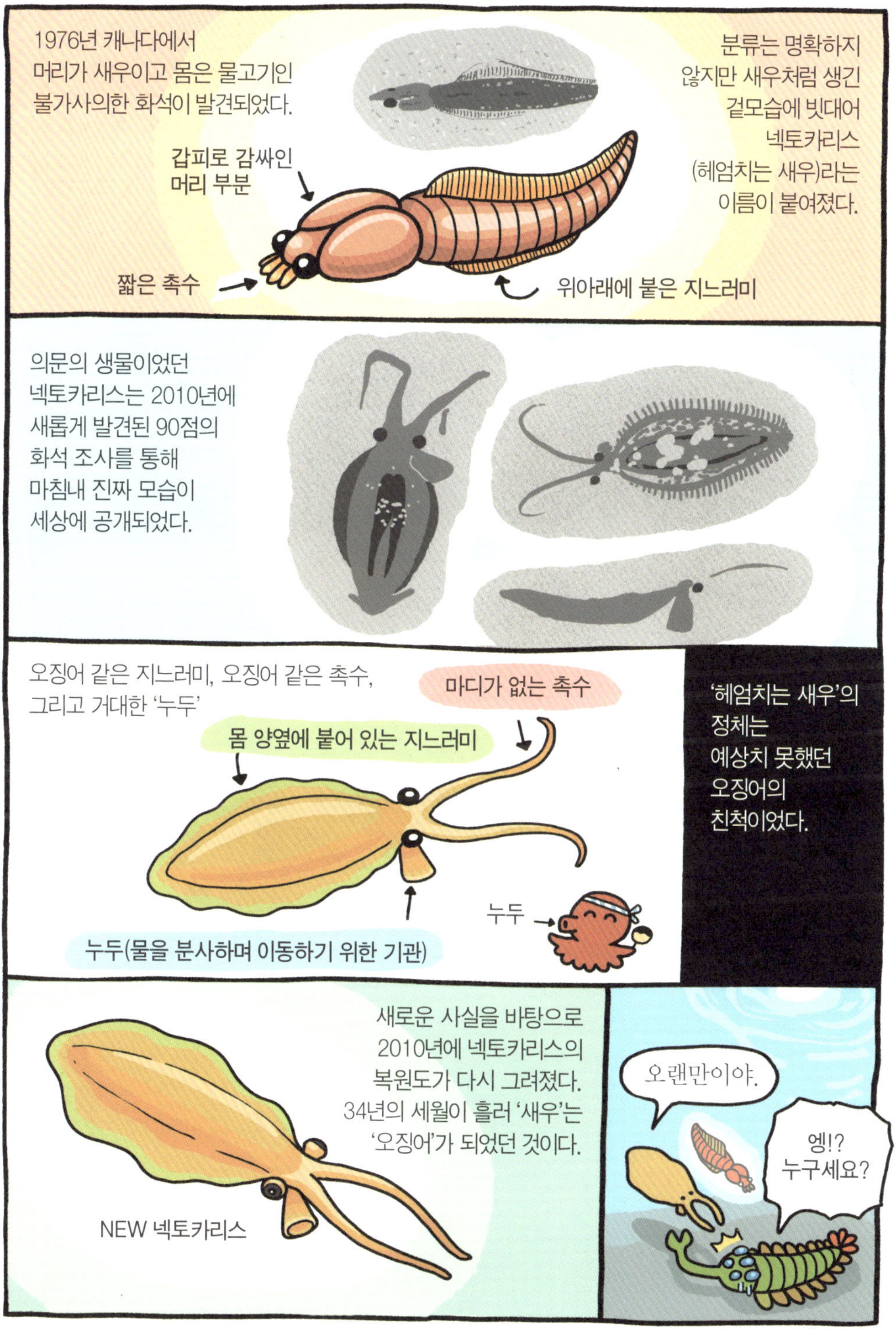

1976년 캐나다에서 머리가 새우이고 몸은 물고기인 불가사의한 화석이 발견되었다.

갑피로 감싸인 머리 부분

짧은 촉수

위아래에 붙은 지느러미

분류는 명확하지 않지만 새우처럼 생긴 겉모습에 빗대어 넥토카리스(헤엄치는 새우)라는 이름이 붙여졌다.

의문의 생물이었던 넥토카리스는 2010년에 새롭게 발견된 90점의 화석 조사를 통해 마침내 진짜 모습이 세상에 공개되었다.

오징어 같은 지느러미, 오징어 같은 촉수, 그리고 거대한 '누두'

마디가 없는 촉수

몸 양옆에 붙어 있는 지느러미

누두

누두(물을 분사하며 이동하기 위한 기관)

'헤엄치는 새우'의 정체는 예상치 못했던 오징어의 친척이었다.

NEW 넥토카리스

새로운 사실을 바탕으로 2010년에 넥토카리스의 복원도가 다시 그려졌다. 34년의 세월이 흘러 '새우'는 '오징어'가 되었던 것이다.

오랜만이야.

엥!? 누구세요?

오징어와 문어 종류(두족류)는 딱딱한 껍데기를 가진 암모나이트 종류에서 연체 성질을 가진 생물로 진화했다고 여겨졌다. 하지만 넥토카리스를 다시 복원하면서 암모나이트 종류가 탄생하기 전에 이미 연체동물이 존재했던 사실이 밝혀지게 되었다.

오르도비스기 최강 생물

껍데기의 구체적인 형태는 모른다.

오징어와 문어처럼 여러 개의 다리가 있었다.

카메로케라스

[학명] Cameroceras
[분류] 두족류
[시대] 오르도비스기
[식성] 육식
[크기] 약 11m(커다란 개체)

한계를 뛰어넘어라!

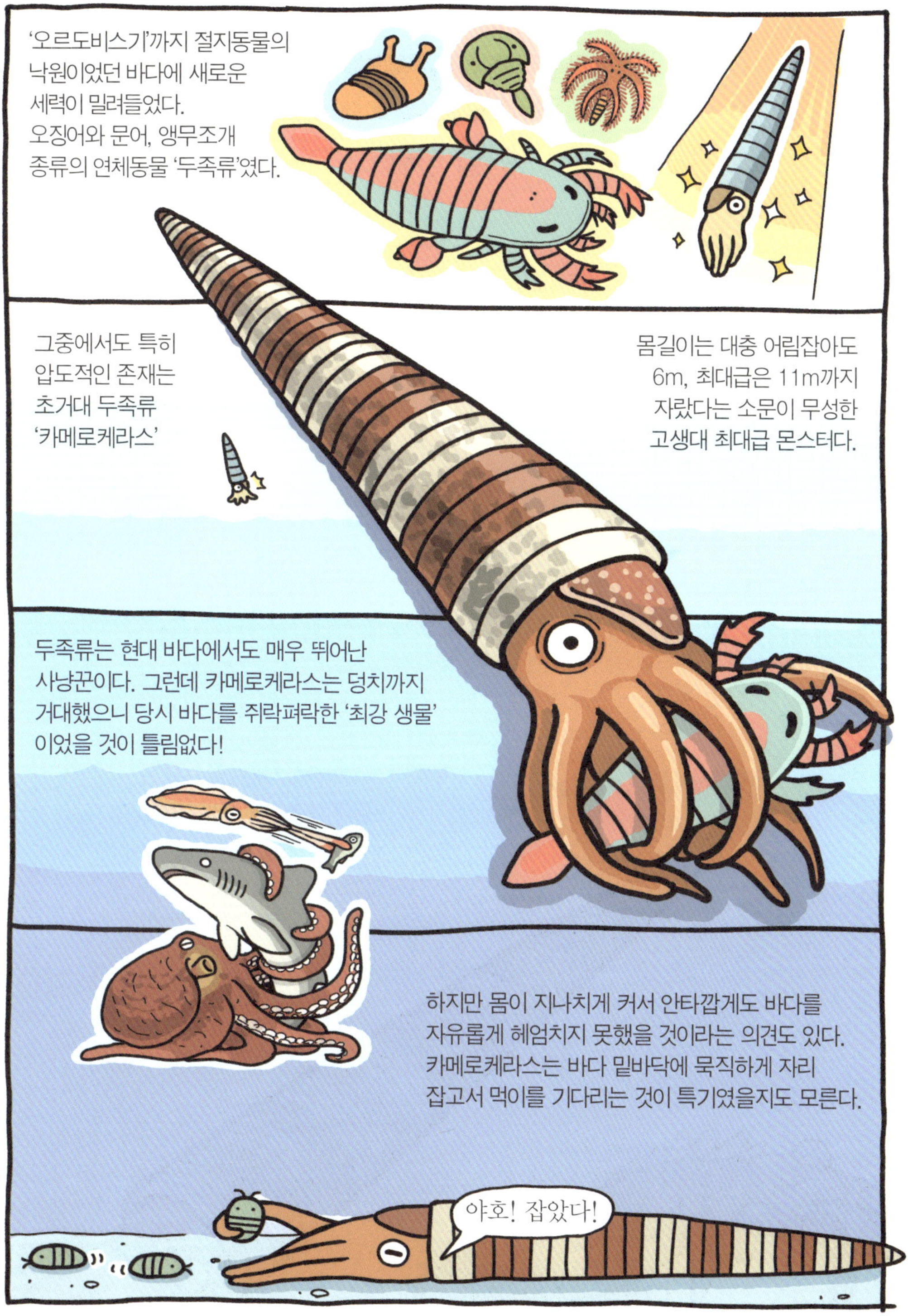

'오르도비스기'까지 절지동물의 낙원이었던 바다에 새로운 세력이 밀려들었다. 오징어와 문어, 앵무조개 종류의 연체동물 '두족류'였다.

그중에서도 특히 압도적인 존재는 초거대 두족류 '카메로케라스'

몸길이는 대충 어림잡아도 6m, 최대급은 11m까지 자랐다는 소문이 무성한 고생대 최대급 몬스터다.

두족류는 현대 바다에서도 매우 뛰어난 사냥꾼이다. 그런데 카메로케라스는 덩치까지 거대했으니 당시 바다를 쥐락펴락한 '최강 생물'이었을 것이 틀림없다!

하지만 몸이 지나치게 커서 안타깝게도 바다를 자유롭게 헤엄치지 못했을 것이라는 의견도 있다. 카메로케라스는 바다 밑바닥에 묵직하게 자리 잡고서 먹이를 기다리는 것이 특기였을지도 모른다.

야호! 잡았다!

 카메로케라스를 비롯한 두족류의 껍데기 내부는 몇 개의 작은 방으로 나뉘어 있고, 각각의 방에는 본체에서 뻗어 나온 가느다란 관이 이어져 있다. 관을 사용해서 작은 방 속을 채우는 액체 양을 조절하고, 껍데기의 무게를 변화시켜 떠오르거나 가라앉았을 것으로 여겨진다.

궁금해! 고생물 칼럼
여덟 번째

생태계를 제패한 생물들

각 시대마다 군림한 지배자들의 변천

고생대는 크게 여섯 시대로 나뉜다. 각 시대의 생태계 정점에 섰던 패자에 대해서 소개할 테니 기대하시라!

고생대 최초의 시기인 캄브리아기 최강 생물은 당시의 바다 생물 중에서 독보적인 덩치를 자랑했던 아노말로카리스다. 가시 달린 촉수로 먹이를 잡고 절대 놓치지 않는 바다의 맹자였다.

오르도비스기에는 초거대 두족류 카메로케라스가 나타났다. 당시의 바다 생물 화석에 두족류에게 공격받은 상처의 흔적이 남아 있다. 거대하고 사나운 포식자인 카메로케라스는 오르도비스기 바다의 왕자였음이 틀림없다.

실루리아기 바다를 지배했던 것은 바다전갈류 생물들. 바다전갈류 중에서도 거대한 집게와 날카롭고 뾰족한 꼬리를 가진 생물

아노말로카리스

카메로케라스

프테리고투스

둔클레오스테우스

이었다. 이 사냥꾼은 강력한 무기를 빛내며 전 세계 바다를 헤엄치고 돌아다녔다. 데본기에는 척추를 가진 어류 종류가 바다의 주인공이 되었다. 그중에서도 판피류가 세력을 확장했고 둔클레오스테우스라는 경이로운 어류가 등장했다. 크기는 고생대 생물 중에서도 최대급. 비교 불가능한 수준의 치악력(무는 힘)까지 갖춘 최강의 폭군이었다. 어류는 꾸준히 진화했고, 척추동물은 '다리'를 손에 넣었다. 석탄기에는 마침내 땅 위에도 사지동물을 비롯한 여러 용사가 등장했다.

페름기 육지의 지배자가 되었던 생물은 단궁류다. 3.5m가 넘는 거대한 몸과 긴 엄니를 가진 이노스트란케비아가 고생대 최후의 패자로서 지상에 군림했다.

이노스트란케비아

아네토케라스

[학명] Anetoceras
[분류] 암모나이트류
[시대] 데본기
[식성] 불명
[크기] 약 10cm

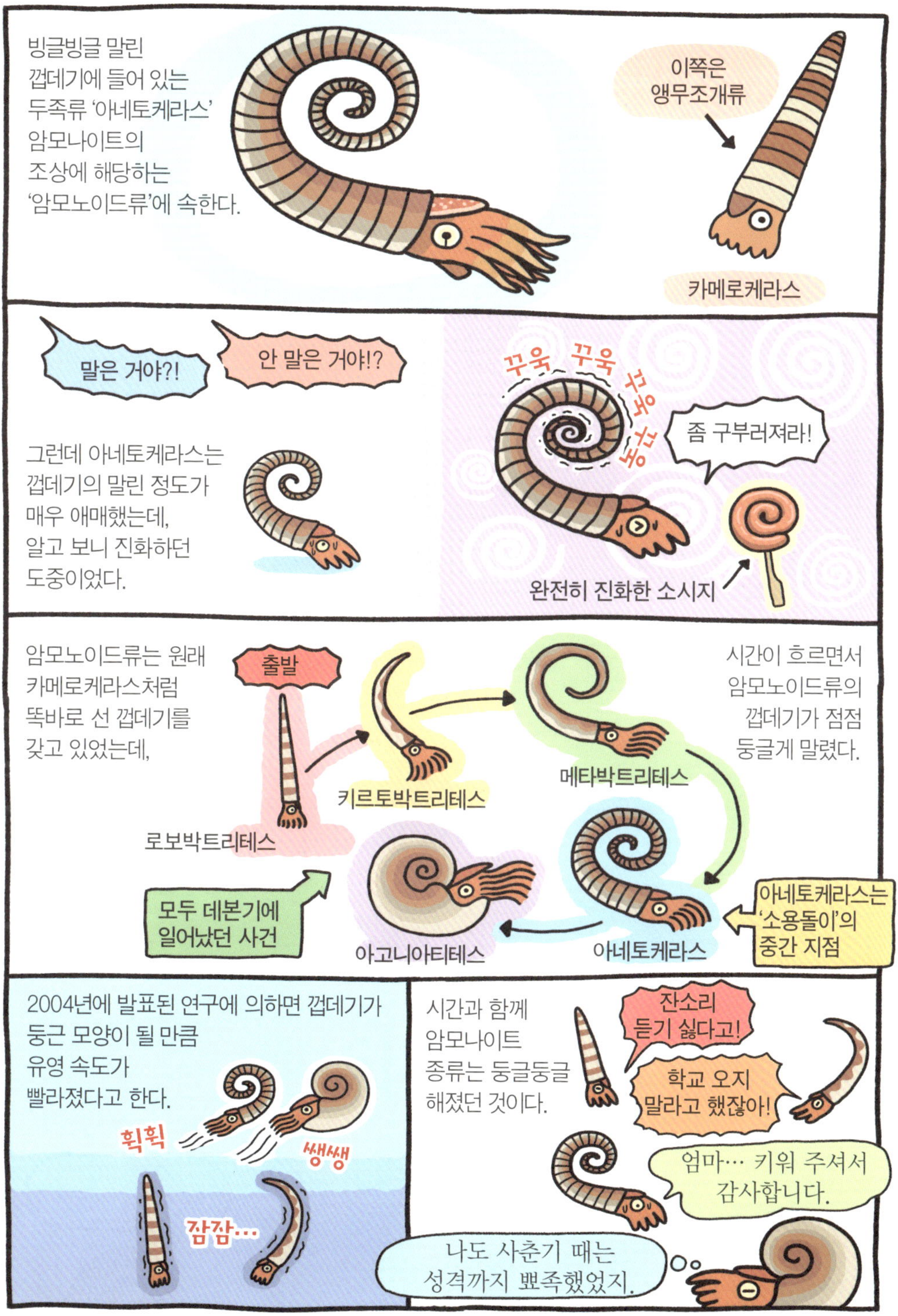

세상에 잘 알려진 암모나이트류는 더욱 넓은 생물군인 암모노이드류에 속한다. 암모나이트류가 등장하는 것은 중생대지만, 아네토케라스를 포함한 암모노이드류는 데본기에 이미 존재했다. 암모노이드류를 암모나이트류라고 부르는 경우도 많다.

파라스피리퍼

[학명] Paraspirifer
[분류] 완족동물
[시대] 데본기
[식성] 유기물, 플랑크톤
[크기] 가로 폭 약 6cm

조개 같은 생김새를 하고 있지만 사실은 완족동물로 분류되는 '파라스피리퍼' 이 생물에게는 누구나 부러워할 자랑거리가 있는데, 그것은 바로 '아무것도 하지 않는 생활'. 매일 빈둥거리며 사는 한량 생물이라고 할 수 있다.

일하지 않는 삶이 최고!

파라스피리퍼의 몸은 껍데기 속 빈 공간으로 물이 저절로 흘러들어 오는 구조이다.

먹이는 물에 떠밀려 들어오는 유기물.

↑ 물의 흐름

무기력 작전은 매우 효과가 좋아서 파라스피리퍼의 친척뻘인 스피리퍼류는 데본기에 크게 번성했다.

다들 필사적으로 생존 전투를 벌이느라 고생이 많으십니다. 하하.

하지만 석탄기 시대에는 무기력 세계의 강력한 라이벌이 등장한다. 같은 완족동물인 '램프 조개'

막혀 있다.

곡식을 터는 키처럼 생겼다.

그들은 껍데기를 조금도 움직일 필요 없이 그저 '그곳에 머무는 것'만으로 물이 껍데기 안으로 흘러 들어오는 강적이었다.

완족동물의 2대 세력인 스피리퍼 군단과 와게노콘카 군단.

내가 제일 의욕 없는 생물 맞죠?

뭐라고? 내가 더 의욕 없거든.

올해 내내 모래알만 세고 있었으니까.

무기력 작전을 지나치게 펼친 탓인지 결국 중생대 이후에 완전히 멸종했다.

쥐라기(중생대)에 멸종

페름기 말에 멸종

완족동물은 오르도비스기부터 숫자가 늘어났고, 데본기에 크게 번성했다. 당시에는 450종 이상 존재했다는 사실이 확인되었다. 중생대가 되자 종류는 크게 감소했지만, 오늘날에도 소수 존재하고 있다. 일본의 남서제도 등에 서식하는 개맛도 그중 하나이다.

팔과 턱은 이 안에 있다.

바다 밑바닥에 드러누워 살았을 것으로 추측된다.

피지 않는 바다나리

암모니크리누스

[학명] Ammonicrinus
[분류] 바다나리류
[시대] 데본기
[식성] 유기물, 플랑크톤
[크기] 길이 수cm 이내

꺆…! 보지 마세요.

궁금해! 고생물 칼럼

아홉 번째

내가 좋아하는 고생물 순위

나만의 고생물을 찾아라!

지금까지 61종류의 매력적인 고생물을 만나 보았는데, 어떤 생각이 들었는지 궁금하다. 이번에는 갑작스럽지만 내가 좋아하는 고생물 순위를 발표해 보려고 한다.

제3위! 정체불명의 불가사의한 몬스터 '툴리몬스트룸'. 생김새는 이상하기 짝이 없고, 심지어 분류도 불명확한 존재. 좋아하는 포인트는 이러한 '정체불명'인 부분이다. 툴리몬스트룸의 정체가 궁금한 한편 이대로 영원히 신비로운 생물로 남아 주길 바라는 마음도 있다…. 이 생물을 생각하면 이렇게 반대되는 감정들이 복잡하게 엎치락뒤치락해서 점점 더 관심이 깊어진다.

제2위! 세상에 둘도 없는 초거대 노래기 '아트로플레우라'. 가장 큰 매력은 당연히 '거대한 덩치'. 2m가 넘는 지구 사상 최대의 절지동물이다. 배시노무스 기간테우스처럼 절지동물이 엄청나게 크면 오히려 귀여운 반전 이미지를 갖게

3위
툴리몬스트룸
정체가 밝혀지는 듯했지만 결국 다시 원점으로 되돌아왔다. 고생대 치고는 '근대적인' 석탄기의 생물임에도 불구하고 이토록 의문으로 둘러싸인 생물이 있을까. 한편으로 낭만적인 생물임에 틀림없다.

2위
아트로플레우라

만약 아트로플레우라가 지금도 살아 있다면, 귀여운 캐릭터로 디자인되어 다양한 상품이 판매되거나 굉장히 사실적인 인형이 만들어지는 등 아이돌 못지않은 인기 생물이 될 수 있을 것이라고 생각한다.

되는 듯하다.

제1위! 세상에서 가장 느긋해 보이는 몸매의 '코틸로린쿠스'. 좋아하는 포인트는 '외모'. 한번 코틸로린쿠스의 골격 그림을 찾아 보길 추천하고 싶다. 한번 보면 빠져들 수밖에 없는 절대적인 매력! '카피바라'처럼 맹하면서 귀여운 '코틸로린쿠스'를 언젠가는 그려 보고 싶다.

지금까지 내가 좋아하는 고생물 순위를 꼽아 보았다. 여러분이 좋아하는 고생물은 무엇일까 궁금하다. 이 책을 읽고 마음에 쏙 드는 고생물을 발견한 친구가 있다면 너무 기쁠 것이다. 고생물에게 흥미가 생기면 꼭 박물관을 찾아가 '나만의 고생물'을 만날 수 있길 바란다!

1위
코틸로린쿠스

투박한 네 발과 두툼한 몸통 위에 거짓말처럼 작은 머리가 살짝 얹어진 충격적인 불균형한 외모가 매력적이다.

찾아보기

ㄱ

갑각류 32, 41
개형충류 56, 57
갯반디 57
검미류 투구게 45
게로바트라쿠스 134, 135
고망시류 60, 61
고생대 5, 21, 68, 92, 93, 97, 146, 147, 155, 161, 162, 163, 170
고제3기 21, 121
공룡 69, 135, 143

ㄴ

나무로티푸스 시펠리 63
넥토카리스 158, 159

ㄷ

단궁류 68, 69, 143, 144, 147, 163
담수어류 78
대왕고래 43

데본기 21, 39, 45, 58, 59, 68, 84, 85, 86, 87, 88, 90, 92, 94, 95, 98, 99, 100, 102, 104, 106, 107, 108, 117, 121, 130, 164, 166, 168
두갑류 84, 85
둔클레오스테우스 92, 93, 115, 163
디메트로돈 142, 143, 145, 147
디아덱테스 124, 125
디익토돈 148, 149
디쿠라누루스 39
디크라노펠티스 38
디킨소니아 152, 153, 155
디플로카울루스 122, 123

ㄹ

라디오돈타류 24, 42, 58
레티스쿠스 120, 121
레피도덴드론 131
루나타스피스 44, 45, 47, 97

ㅁ

마렐라 26, 27, 41
마이크로브라키우스 88, 89
마테르피스키스 90, 91
메가네우라 62, 63
메가마스탁스 82, 83, 85, 99
메갈로그랍투스 47
메소사우루스 136, 137
무미류 135
무악류 73, 76, 81, 84, 85
무족류 135
무족영원 121, 135
문어 127, 155, 159, 160, 161
믹소프테루스 49
밀로쿤밍기아 25, 72, 73, 75, 77, 79, 85

ㅂ

바다나리 97, 168, 169
바다전갈 58, 83
바다전갈류 46, 48, 49, 50, 51, 162
바퀴벌레 45, 61, 97

반드링가 115
배시노무스 기간테우스 65, 170
백악기 21, 57, 68, 121
벨란트세아 115
보트리오레피스 86, 87

ㅅ

사지동물 106, 107, 108, 109, 110, 116, 118, 119, 121
삼엽충 32, 34, 35, 36, 37, 38, 39, 66, 67, 72
삼엽충류 34, 66
석탄기 21, 61, 63, 64, 67, 79, 114, 115, 116, 117, 118, 120, 121, 124, 126, 128, 167, 169
선캄브리아 시대 21, 155
수각류 69
수렴진화 121
스쿠토사우루스 147
스킨데란네스 58, 59
스테노딕티아 60, 61
슬리모니아 49

신생대 4, 21, 69
신제3기 21
실러캔스 45, 82, 97
실루리아기 21, 39, 48, 50, 51, 52, 53, 54, 56, 59, 78, 80, 81, 82, 155, 162

ㅇ

아네토케라스 164, 165
아노말로카리스 5, 24, 25, 29, 32, 33, 35, 43, 58, 59, 73, 93, 162
아란다스피스 76, 77, 79
아르크티누루스 38
아스테록실론 130
아에기로카시스 42, 43
아칸토스테가 106, 107
아쿠티라무스 50, 51, 93
아퀼로니퍼 54, 55
아크모니스티온 112, 113
아트로플레우라 64, 65, 170,, 171
아판쿠라 마추 40, 41
안드레오레피스 80, 81, 85

암모나이트 35, 159, 165
암모니크리누스 168, 169
앵무조개 45, 97, 161
양서류 81, 107, 120, 121, 122, 123, 124, 125, 129, 132, 133, 134, 135, 143
에디아카라기 152, 153, 154, 155
에르베노킬레 39
에리옵스 132, 133, 143
엘라티아 34, 35, 36
연골어류 81, 94, 95, 112, 113, 114, 115, 140, 141
엽족동물 30
오돈토그리푸스 156, 157
오르도비스기 21, 37, 38, 42, 44, 45, 59, 68, 76, 79, 95, 155, 160, 161, 162, 169
오징어 127, 155, 158, 159, 160, 161
오파비니아 28, 29, 33
오파콜루스 52, 53
완족동물 166, 167
왈리세롭스 39
용반류 69
원시잠자리류 62

위악류 68, 69

유립테루스 49

유미류 135

유스테놉테론 4, 100, 101

유조동물 30

육기류 81, 82, 85, 87, 98, 99, 100, 101, 102, 103, 104, 105

은행나무 45

이궁류 143

이노스트란케비아 146, 147, 163

이크티오스테가 108, 109, 110, 111, 117, 129

ㅈ

장수도롱뇽 133

전갈 53

절지동물 27, 30, 32, 33, 35, 41, 43, 46, 47, 53, 54, 57, 65, 73, 161, 170

제4기 21

조기어강 80, 81

주름상어 45, 96, 97

중생대 21, 57, 68, 167

쥐라기 21, 167

ㅊ

척삭 74, 75, 123

척삭동물 74, 75

촉수 25, 31, 159

칠성장어 73, 84, 85, 127

ㅋ

카르니오디쿠스 155

카메로케라스 93, 160, 161, 162, 165

칼라미테스 131

캄브리아기 21, 24, 26, 28, 30, 32, 33, 34, 40, 41, 43, 59, 72, 74, 75, 79, 152, 153, 155, 156, 158, 162

케이로피게 66, 67

케팔라스피스 84, 85

코엘루로사우라부스 4, 138, 139

코틸로린쿠스 5, 144, 145, 171

콜림보사톤 56, 57

쿡소니아 130
크라시지리누스 118, 119
클라도셀라케 94, 95, 96
클리마티우스 78, 79, 85
킴베렐라 153, 154, 155

ㅌ

털매머드 69
테라타스피스 39
투구게 44, 45, 97
툴리몬스트룸 126, 127, 170
트라이아스기 21, 68, 69, 121
트리브라키디움 153, 155
티라노사우르스 147
틱타알릭 103, 104, 105

ㅍ

파라스피리퍼 166, 167
파르반코리나 155
파솔라수쿠스 68
판데리크티스 102, 103, 105

판피류 86, 87, 88, 90, 91, 92, 93, 99, 113, 114, 115, 163
팔카투스 113, 114
페데르페스 116, 117, 129
페름기 21, 66, 67, 68, 121, 122, 132, 134, 136, 138, 140, 143, 144, 146, 147, 148, 163, 167, 169
펜테콥테루스 46, 47
폴리코틸루스 137
프테리고투스 48, 49, 50, 51, 163
프테리디니움 155
플랑크톤 42, 43, 166, 168
피카이아 25, 74, 75

ㅎ

하이쿠이크티스 73
하파고푸투터 113, 114
할루키게니아 5, 25, 30, 31, 32
헬리코프리온 5, 140, 141
협각류 52
히네리아 98, 99
힐로노무스 128, 129

참고 문헌

『아노말로카리스 해체신서』, 기쥬츠효론샤(기술평론사)

『에디아카라기·캄브리아기의 생물』, 기쥬츠효론샤

『옛날 옛적의 생물(고단샤의 움직이는 도감 MOVE)』, 고단샤(강담사)

『오르도비스기·실루리아기의 생물』, 기쥬츠효론샤

『해양생물 5억년 역사: 상어제국의 역습』, 분게이슈(문예춘추)

『고생물(가쿠게이의 도감 LIVE)』, 가쿠게이플러스(학예플러스)

『고생물들의 신비한 세계: 번영과 멸종의 고생대 3억년 역사』, 고단샤

『석탄기·페름기의 생물』, 기쥬츠효론샤

『데본기의 생물』, 기쥬츠효론샤

『이과 아이로 키우는 기초 중의 기초: 진화 이야기 365일』, 기쥬츠효론샤 등

마치며

 인류가 문자로 기록을 남기기 이전 시대. 그 시대를 가리켜 '지질시대'라고 부릅니다. '고생물'은 지질시대를 살았던 생물이지요.

 지질시대는 약 46억 년이라는 긴 시간 동안 이어졌는데 명왕대, 태고대, 원생대 고생대, 중생대, 신생대 순서의 여섯 시대로 구분합니다. 그중에서 '공룡 시대'로 유명한 시대가 '중생대'입니다. 명왕대, 태고대, 원생대는 합쳐서 '선캄브리아 시대'라고 부릅니다.

 이 책에는 중생대 직전에 해당하는 '고생대'의 고생물이 등장하고, 더욱더 오래된 원생대 최말기(에디아카라기)의 고생물도 있습니다. 그 숫자는 총 61종입니다.

 많은 고생물이 '약간' 혹은 '많이' 특이한 외모를 갖고 있습니다. 사실은 고생대 말에 사상 최대 규모의 대량 멸종 사건이 발생했고, 이 사건을 기점으로 생태계는 완전히 바뀌었습니다. 현대로 이어지는 생태계는 중생대 이후에 새롭게 구축되었습니다. 이 책에서 소개한 고생물은 대량 멸종 사건 전에 살았기 때문에 '낯설고 신비로운' 특징을 지닌 것이 당연합니다.

 고생물을 다루는 학문을 '고생물학'이라고 합니다. 고생물학은 '지구과학'에 속해 있는데, 생물학과 지질학을 '친구'로 둔 학문입니다. 물론 과학의 한 분야입니다.

 과학은 나날이 발전합니다. 특히 고생물학에서는 좋은 화석이 하나 발견된 것만으로 새로운 이론이 세워지는 일도 드물지 않습니다. 유력했던 가설이 단번에 뒤엎어지거나, 고생물의 복원도가 변경되는 경우도 있습니다. 이 책을 읽다가 여러분이 알고 있는 고생물과 생김새나 정보가 다르다면, '틀렸다'라고 단정하지 말고 '왜 다를까?', '왜 이 책에서는 이런 가설을 채택했을까?'라는 추리를 펼쳐 보세요. 이러한 추리야말로 진짜 과학이라고 할 수 있겠지요.

고생물학이 바라보는 '궁극의 목적' 중 하나는 지구와 생명의 과거를 알고 미래를 예측할 재료를 손에 넣는 것입니다.

하지만 '학술적인 목적'이 없어도 '화석'이라는 단서로 자기만의 추리를 펼치면서 멸종한 생물의 모습과 환경, 멸종 이유와 진화의 과정을 더듬어 보는 일은 이 책에서 보았듯이 매우 즐거운 활동입니다. 많은 사람의 호기심을 자극하고 탐구심을 불러일으키지요. 고생물학에는 엔터테인먼트 사이언스라는 면모가 있다고 생각합니다.

이 책을 읽고 고생물이 궁금해졌다면 한층 더 큰 호기심을 품길 바라요. 화석을 전시한 박물관에 방문하는 것도 좋습니다. 본격적으로 지적 호기심과 탐구심을 채우고 싶다면, 고생물학을 배울 수 있는 대학교에 진학하는 것도 하나의 방법이 될 것 같습니다. 고생물학을 주제로 하는 강좌를 찾아볼 수도 있습니다. 그리고 고생물에 관한 책을 펼쳐 보는 방법도 추천합니다.

고생물의 세계에 오신 것을 환영합니다.

감수 츠치야 켄

과학 저술가. 일본 고생물학회, 일본지질학회, 일본문예가협회에 소속되어 있다. 사이타마현 출신으로 가나자와대학 대학원 자연과학 연구과에서 석사 학위를 받았다. 과학 잡지『뉴턴(Newton)』에서 편집기자와 부장대리로 활동하다가 독립한 후 현재는 고생물학 정보를 다루는 오피스 지오팔레온트(www.geo-palaeont.com)의 대표로 재직 중이다. 2019년 과학 저술가로는 처음으로 일본고생물학회 공헌상을 수상했다. 고생물에 관한 여러 책을 저술하거나 감수했다. 국내에는 저서 중『살아 있는 공룡 키우는 법 매뉴얼』(문공사, 2016), 『실물 크기로 보는 고생물도감-고생대 편』(영림카디널, 2019), 『실물 크기로 보는 고생물도감-중생대 편』(영림카디널, 2020), 『화석이 되고 싶어 한눈에 보는 화석 생성 과정』(이김, 2020)이 소개되었다. 감수한 도서 중에는『최강왕 공룡 배틀』(글송이, 2017)이 있다.

글·그림 다카하시 노조무

일러스트레이터, 만화가. 1993년 홋카이도에서 태어났다. 어릴 때부터 동물을 좋아해서 일러스트나 도감을 직접 그렸다. Twitter에 게재한 '동글동글 귀여운 고생물' 시리즈가 호평을 받아서, 이를 계기로 본격적인 작가 활동을 시작했다. 귀여운 동물 일러스트나 상품을 다수 제작했다. 저서로는『세계 최고 귀여운 생물 도감』(이케다쇼텐), 일러스트『사실은 무서운 식물 도감』(오이즈미쇼텐) 등이 있다.

옮김 허영은

홍익대학교에서 미술사학을 전공하고 미술관과 박물관에서 학예연구사로 일했다. 현재는 바른번역 소속 번역가로 활동하며 출판 기획과 번역에 힘쓰고 있다. 옮긴 책으로는『또 이유가 있어서 멸종했습니다』,『미술 감상 제대로 하기』,『왠지 이상한 스포츠의 비밀』,『하루 한 장 초등과학 365』등이 있다.